온앤오프
영어수업

온앤오프 영어수업

펴 낸 날/ 초판1쇄 2020년 12월 24일
　　　　재판1쇄 2022년 10월 15일
지 은 이/ 정미란 김수경 김유나 김현주 노영 박선화 박은주 이은총

펴 낸 곳/ 도서출판 기역
펴 낸 이/ 이대건
편　　집/ 책마을해리

출판등록/ 2010년 8월 2일(제313-2010-236)
주　　소/ 전북 고창군 해리면 월봉성산길 88 책마을해리
　　　　　경기도 파주시 회동길 363-8
문　　의/ (대표전화)070-4175-0914, (전송)070-4209-1709

ⓒ 정미란 외, 도서출판 기역 2020

ISBN 979-11-91199-04-8

이 도서의 국립중앙도서관 출판예정도서목록(CIP)은 서지정보유통지원시스템 홈페이지(http://seoji.nl.go.kr)와
국가자료종합목록 구축시스템(http://kolis-net.nl.go.kr)에서 이용하실 수 있습니다. (CIP제어번호: CIP2020050889)

온앤오프

영어수업

정미란 김수경 김유나 김현주 노영 박선화 박은주 이은총 지음

교사들은 아이들에게 영어를 재미있게 가르치고 싶습니다. 하지만 아이들이 영어에 대해 갖는 생각은 교사의 마음과 다릅니다. 학년이 올라갈수록 영어를 부담스러워하는 학생들이 많아집니다. 학생들이 좋아하는 교과에 대한 설문조사에서도 영어는 하위권인 경우가 많습니다. 그런 결과를 볼 때마다 초등영어 교사로서 걱정과 고민은 깊어갑니다.

'아이들은 왜 영어를 싫어하지?'
'아이들이 영어수업에 즐겁게 참여하려면 어떻게 해야 할까?'
'아이들이 좋아하는 활동은 무엇일까?

이런 고민을 해결하기 위해서는 먼저 요즘 아이들을 잘 이해하는 것이 필요합니다. 우리가 지금 교실에서 만나는 아이들은 어린 시절부터 디지털 환경에서 성장한 디지털 네이티브(digital native) 세대입니다.

디지털 네이티브란 미국의 교육학자인 마크 프렌스키가 2001년 처음 제시한 개념으로 스마트폰과 컴퓨터 등 디지털 기기를 원어민(native speaker)처럼 자유자재로 활용하는 세대라는 의미입니다. 디지털 네이티브는 멀티태스킹에 능숙하고 신속한 반응을 추구하는 경향이 있습니다. 또한 다양한 디지털 기기를 사용해 동시다발적으로 여러 정보를 얻거나 메신저 등을 통해 다른 일을 하면서도 상대방과 즉각적인 의사소통을 하는 데 익숙합니다.

요즘 우리 아이들에게 가장 소중한 것은 무엇일까요? 아마 스마트폰이 그 중의 하나일 것입니다. 아이들은 친구들과 어떻게 소통할까요? 예전처럼 친구를 직접 만나는 것보다 SNS를 통해 대화를 나누는 시간이 훨씬 더 많습니다. 이처럼 디지털 기술의 급속한 보급은 학생들의 정보습득과 사고방식, 행동방식을 변화시켰습니다.

반면에 교사는 어떤가요? 교사는 아날로그 시대에 성장해 디지털 시대에 적응한 '디지털 이주민(Digital immigrants)' 세대입니다. 디지털 이주민인 교사가 디지털 네이티브인 아이들을 가르치기 위해서는 그들의 방식대로 가르치는 것이 필요합니다.

'어제 가르친 그대로 오늘도 가르치는 것은 아이들의 미래를 빼앗는 것'이라는 존 듀이의 말이 큰 울림을 줍니다. 빠르게 변하는 우리 아이들에게 좀 더 재미있는 영어수업 방법을 적용하는 것은 교사로서 당연한 의무입니다. 코로나19로 인해 교육환경이 크게 변화했고 온라인상에서 원격수업을 효과적으로 운영하는 교사의 능력이 요구되었습니다. 이 책은 원격수업 운영에 필요하고 디지털 네이티브들이 좋아하는 앱들을 활용한 새로운 수업 기술들을 소개하고 있습니다. 또한 학생들의 영어에 대한 흥미를 높이고 활용하기 쉬운 교실 속 영어 활동들을 선별해서 알려드립니다.

이 책의 저자들은 진선미초등영어연구회에서 활동하고 있습니다. 진선미초등영어연구회는 광주교육대학교 교육대학원에서 영어교육을 전공한 초등교사들의 열정으로 시작되었습니다. 교수님과 대학원을 졸업한 초등교사들이 10여 년 동안 매달 모여 초등영어수업에 대해서 고민하고 다양한 사례에 관해서 이야기했습니다. 연구회에서는 초등영어에서 무엇을 어떻게 가르칠 것인가를 질문하고 답하면서 수많은 영어교육이론과 실용서를 함께 읽었습니다. 또한 수업 현장에서 경험하는 문제점을 나누며 여러 가지 해법들을 공유하였습니다.

진선미영어교육연구회에서 쌓아온 영어교육의 경험과 지혜들이 고스란히 담긴 이 책이 우리와 비슷한 고민을 갖고 계시는 분들에게 많은 도움이 되기를 소망합니다. 영어를 가르치는 교사와 배우는 학생들이 꿈꾸는 모두가 즐겁고 행복한 영어수업이 실현되기를 기원합니다.

2020년 12월
진선미초등영어연구회

2부 Face to Face

1부

For Digital Natives

(에듀테크)

제1장

수업 도구로 활용하기

01. 출력 없이 전송하는 학습지! Liveworksheet

'선생님, 프린터가 없는데요. 학습지 어떻게 풀어요?'

'학습지 안 가져온 사람 누구야? 하~ 이걸 언제 다 수합해서 채점한담.'

온라인 수업을 하며 흔히 들을 수 있는 학생과 교사의 목소리입니다. 학생들은 PC에 한글 프로그램이 설치되어 있지 않거나 프린터의 부재 등 물리적인 환경의 제약으로 학습지 제출에 애를 먹습니다. 교사는 일일이 학습지를 복사하여 나눠주고 수합, 채점 후 피드백할 때까지 지나치게 많은 에너지와 시간을 소요하게 됩니다. 학습지 대신 학급 SNS로 댓글 달기나 네이버 폼, 구글 폼 등의 설문 형태로 과제를 제출받기도 하지만 개별 지도가 어렵다는 점, 학습지와는 다른 양식의 문제 등에서 분명한계가 있지요.

교사가 만든 학습지를 출력하고 배부할 필요 없이 바로 학생에게 전송할 수 있는 시스템이 있다면 어떨까요? 그리고 학생들이 스마트폰이나 PC에서 학습지를 풀어 바로 교사에게 전송할 수 있다면요? 정답은 Livewoksheets.com에 있습니다.

Liveworksheets.com에서 교사는 기존의 학습지를 온라인상의 '대화형 학습지(interactive worksheets)'로 변환합니다. 학생들은 교사가 보내준 학습지 링크를 클릭하여 풀이하고 교사가 미리 알려준 키 코드를 입력한 후 선생님께 본인의 학습지를 전송합니다. 채점은 언제 다 하냐고요? 자동채점 기능이 있어 학생들은 풀이 결과를 즉시 확인할 수 있고 교사는 시간을 절약할 수 있습니다. 교사가 자신의 메일함을 열어본다면, 짜잔! 학생들의 학습지가 차곡차곡 쌓여 있네요.

교사가 라이브워크시트(Liveworksheet)를 제작할 때에는 선다형, 선 긋기, 드래그하여 알맞은 칸에 넣기 등 다양한 양식을 활용할 수 있습니다. 뿐만 아니라 면대면 수업이 아니고서는 절대 불가능할 것만 같던 말하기, 듣기 연습 및 확인 또한 학습지에서 가능합니다. 교사가 원하는 MP3 파일을 학습지에 삽입할 수도 있고, 학생들이 스마트폰이나 PC의 마이크 기능을 이용하여 자신의 말을 학습지에 텍스트로 전송할 수 있기 때문입니다. 유튜브의 영상 또한 학습지에 삽입이 가능하니 그야말로 '라이브(Live)' 워크시트(worksheet)인 것이죠.

온라인 학습에 최적화된 '생생한' 학습지 만들러 지금 함께 가보실까요?

 이렇게 활동해요!

1. Liveworksheet 제작 전 준비하기

[교사]

가. 학습지 준비하기: 학습지를 사전에 pdf, doc, docx, jpg, png 파일 형태로 변환, 저장해둔다(한글파일에 작업하는 경우 pdf파일로 저장하기 기능을 사용하면 편리합니다).

나. 접속하기: Liveworksheets(https://www.liveworksheets.com/)를 검색하여 접속한다.

다. 가입하기(sign up): 오른쪽 상단의 Teachers access - register를 클릭하여 회원가입을 한다.

라. 로그인하기(Log in): 회원가입을 하면 기입한 이메일 주소로 계정 활성화를 위한 링크를 보내준다. 본인의 이메일 함에서 liveworksheet.com의 메일을 확인한 후 활성링크를 클릭하여 로그인한다.

2. Liveworksheet 제작하기

가. Liveworksheet 제작 및 공유하기

1) Liveworksheet maker 시작, worksheet 업로드하기

2) 마우스 왼쪽을 클릭한 채로 드래그하여 텍스트 상자를 만들고 그 안에 답을 입력
하기

    - 여러 답안이 가능한 문제의 경우 가능한 답안들을 바(/)로 구분하여 모두 입력

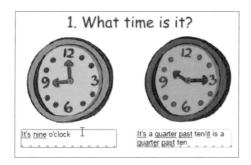

3) Worksheet 미리 보기 - 학생에게 보이는 학습지 확인 가능

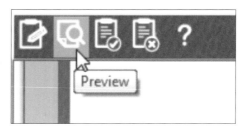

4) Worksheet 저장하기 - 왼쪽 상단 세 번째 아이콘을 클릭

5) Worksheet 공유하기

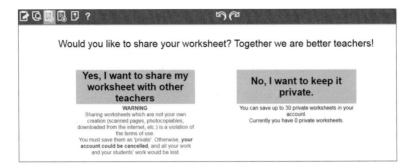

- 왼쪽 Yes 상자를 클릭 – Liveworksheets 사이트 내에서 나의 학습지를 공유함.
- 오른쪽 No 상자를 클릭 – 공유하지 않음(이 경우 30개의 보관 제한이 있음). 화면 하 단에 학습지 제목을 입력하면 학습지 완성! 이때 나오는 링크 주소를 복사해서 학생들에게 공유할 수 있음.

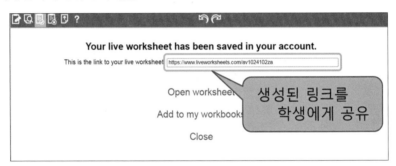

6) Worksheet 삭제하기 – 왼쪽 상단 4번째 아이콘을 클릭

나. 다양한 문제 유형 만들기

* 모든 작업 시 기본적으로 드래그하여 선택항 위에 텍스트 상자를 만들어 작업한다.

1) 빈칸 완성하기(fill-in-the-gaps): 드래 그하여 텍스트 상자를 만들고 그 안 에 정답을 입력한다.

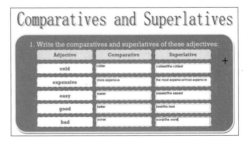

2) 자유 서술형 문항(Open-answer questions): 드래그하여 텍스트 상자를 만들고 빈칸 으로 둔다.

3) 선다형 문항(Multiple choice exercises): 정답 선택지에는 'select:yes', 오답 선택지에는 'select:no'를 입력한다.

4) 선 긋기(Join with arrows): 왼쪽 선택지에 'join:1', 'join:2', 'join:3'을 순서대로 입 력하고 그와 선으로 이어질 오른쪽 답에도 동일한 명령어를 입력한다. 짝 이외에 숫자가 반복되어서는 안 된다.

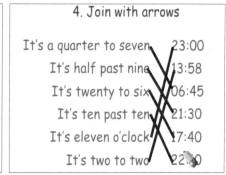

5) 드래그하여 넣기(Drag and drop): 끌어와야 할 선택지에는 'drag:1'을, 들어가야 할 빈칸에는 'drop:1'을 입 력한다. 역시 짝끼리 같 은 번호를 입력하여야 하며 짝 이외에 숫자가 반복되어서는 안 된다.

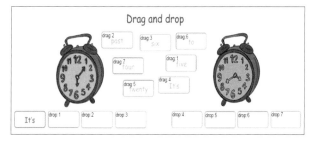

6) 선택하기(Drop down select box): 학생이 정답 상자를 클릭하면 여러 선택지가 아래로 펼쳐지며 제시되는데 이중 정답을 고르게 하는 유형이다. 'choose:'를 입력하고 선택지를 바(/)로 구분하여 입력한다. 이때 정답에는 *를 먼저 붙인 후 입력한다.

예) 정답이 Banana인 경우 - choose:Mango/*banana/strawberry/orange

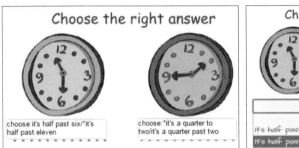

7) 듣기 문제(Listening exercises): 'listen:'을 입력하고 학생들에게 들려줄 텍스트를 입력한다. 입력 후 언어를 선택할 수 있다(선택 후 set as default for this worksheet 문장 앞 박스를 체크해 두면 이후 듣기 문제의 언어는 선택한 언어로 계속 적용된다). 학생들은 스피커 모양의 아이콘을 클릭하여 문제를 들을 수 있다. - 듣기 문제는 현재 크롬(Chrome)과 사파리(Safari)에서만 재생된다.

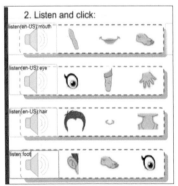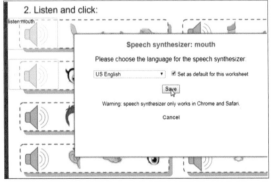

8) 말하기 문제(Speaking exercises): 'speak:'을 입력하고 학생들이 말해야 할 내용을 입력한다. 입력 후 언어를 선택할 수 있다. 가능한 답변이 여러 개인 경우 모두 입력하고 바(/)로 구분한다. 학생들은 마이크 아이콘을 클릭한 후 말한다. 말하기 기능은 현재 Chrome에서만 작동된다.

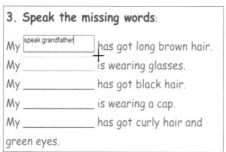

9) MP3 파일 삽입하기(Add MP3 files): 'playmp3:'를 입력하고 오디오 파일을 선택하여 업로드한다.

10) Youtube 삽입하기(Add youtube videos): 영상이 삽입될 크기의 상자를 만들고 유튜브 주소를 복사하여 붙여넣기한다.

11) 링크걸기(Add links): 'link:'를 입력하고 주소를 복사하여 붙여넣기한다.

link:https://en.wikipedia.org/wiki/School_bullying Click here and read the text

12) 텍스트 상자 양식 설정하기(font, color, border, back-
　　ground): 화면 왼쪽 상단의 두 번째 아이콘(미리 보
　　기)을 클릭한 후 텍스트 상자에서 마우스 오른쪽
　　을 클릭. 글자체, 글자 크기, 글자 색깔, 상자의 색
　　깔 등의 설정을 변경할 수 있다.

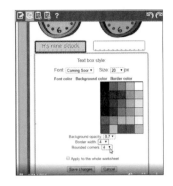

3. Liveworksheet 제출 및 수합하기

[학생] Worksheets 제출하기

1) 키코드 입력이 필요한 경우

① 교사가 보내준 링크를 클릭하여 학습지에 바로 답을 작성한다.

② 학습 완료 후 학습지 하단의 'FINISH' 버튼을 누르고 창이 뜨면 오른쪽(Email my
　answers to my teacher)을 클릭한다.

③ 안내 창에 이름, 학년, 과목, 교사의 이메일 또는 키코드를 입력한 후 Send 버튼
　을 클릭한다(★교사의 my account에서 key code를 찾아 미리 안내해주기).

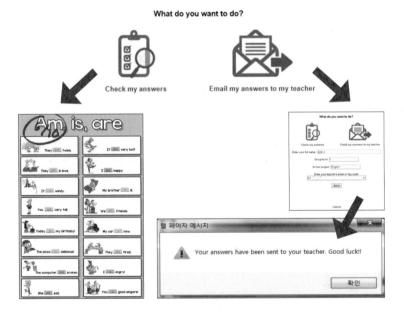

2) 교사가 Custom link를 알려줄 경우(키코드 입력 없이도 바로 교사에게 전송이 가능)

 ※Cumstom link 만드는 방법

 ① 로그인 한 상태에서 worksheet 상단의 Custom link를 클릭한다.

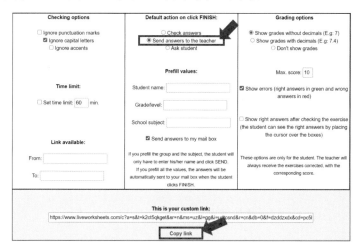

② 다음 화면의 Default action on click FINISH:에서 Send answers to the teacher에 체크되어 있는지 확인하고, 화면 하단의 This is your custom link를 Copy 한다(복사 후, url줄임 사이트를 활용하면 안내하기 더욱 편리하다).

참고) Prefill values에서 미리 공통된 학년, 과목을 교사가 입력해두면 학생들이 그 부분은 따로 입력할 필요가 없어 편리하다.

[교사] Worksheets 수합하기

1) 로그인 후 my mailbox 탭을 클릭한다.

2) 아래와 같이 자동 채점된 학생들의 워크시트가 수합되어 있는 것을 볼 수 있다.

3) 오답에 대해 개별적 피드백을 한다.

※ 학습지 출처 – http//gg.gg/ng058 by victor

 바로 쓰는 꿀팁!

- 자동채점 기능이 있어 학생들이 풀이 결과를 바로 확인할 수 있으나, 정답이 무엇인지는 알려주지 않으므로 오답에 대한 피드백이 반드시 필요합니다.

- 면대면 수업이 어려운 경우 듣기, 말하기 문항을 제작하여 수행평가를 해결할 수 있습니다(현재의 말하기 문항은 학생들의 목소리를 그대로 전송하는 것은 아니며, 학생들의 말을 텍스트로 변환해 답안으로 작성하는 문항임을 참고하세요).

- 듣기 문항은 Chrome과 Safari에서만 재생되고, 말하기 문항은 Chrome에서 마이크 기능이 있을 때에 가능하므로 사전에 학생들의 환경을 파악한 후 출제할 필요가 있습니다.

- Liveworksheets.com에서 공유된 학습지는 pdf 파일로 다운로드 및 보관 가능하며, 수정하여 활용할 수 있습니다(작성자가 허용한 경우, 1일 10회에 한함).

- 수합된 워크시트는 30일 동안 보관이 가능합니다. 그 이후에 확인이 필요하다면 미리 기록하거나 저장해 놓는 것이 좋습니다.

- Liveworksheets.com에서는 다양한 과목의 학습지를 살펴볼 수 있습니다. 영어로 다른 과목의 학습지를 풀어보는 것도 재미있는 경험이 될 수 있습니다. Immersion 학습으로 활용해보세요.

- 작성자가 허용한 경우, 공유된 학습지를 내 웹 사이트나 블로그에 추가할 수 있습니다. 학습지를 열어 'Embed in my website or blog'를 클릭한 후 제공되는 html 코드를 삽입하세요.

- 공유된 학습지를 구글 클래스룸에 소개하고 싶으신가요? 학습지를 열어 오른쪽 상단의 녹색 버튼(Add to Google Classroom)을 클릭하세요.

- Liveworksheets 제작 방법을 영상으로 확인할 수 있습니다. 웹사이트에서 Make interactive worksheets - video tutorial을 클릭하세요. 또는 다음의 QR코드를 활용할 수 있어요.

Liveworksheets 제작 방법 유튜브 영상 바로 가기

02. 찾아라! Word Puzzle

"찾았다!", "선생님, 저 다 찾았어요!"

"아~, 이거였네!"

숨은 것을 찾아내는 것은 누구에게나 짜릿한 성취감을 선사합니다. 단어의 뜻과 스펠링(spelling)을 그저 외우라고 하면 어른들도 일단 하기 싫은 마음이 먼저 들겠지만, 마치 숨은그림찾기를 하듯 단어의 철자를 찾아내거나 추측해 풀어내는 활동을 하면 학생들의 영어수업에 대한 즐거움과 성취감이 배가 됩니다. 아래에서 소개하는 것은 이러한 활동을 위한 학습지를 매우 쉽게 만들어 주는 똑똑한 웹 사이트입니다. 다양한 단어 퍼즐 유형 중에서도 '단어를 찾아라(Word search)'와 '십자 퍼즐(Cross word puzzle)'을 예로 들어 제작 과정을 보여드리고자 합니다. 교사가 해야 할 것은 단어 입력과 프린트 버튼 누르기! 그뿐입니다.

 이렇게 활동해요!

1. 이게 다 무료라니! Discovery Education's Puzzle Maker

가. Google 주소창에 puzzlemaker.discoveryeducation.com을 입력한다.

나. 사이트 중앙에 제작할 수 있는 다양한 유형의 퍼즐 탭이 있다. 각 탭에 마우스 커서

를 올리면 퍼즐 유형의 예를 확인할 수 있다(이 중 Word search puzzle을 만들어 보자).

▶ Word Search
▶ Double puzzles
▶ Fallen Phrases
▶ Math Squares
▶ Mazes
▶ Letter Tiles
▶ Cryptograms
▶ Number Blocks
▶ Hidden Message

다. Word Search 제목을 빈칸에 입력한다.

STEP 1.
Enter the title for your word search
The title will appear at the top of your page. IMPORTANT: Puzzle titles are limited to 49 characters.

Lesson 4. Where Is the Post Office?

라. Word Search Puzzle의 가로 행, 세로 열의 수를 입력한다(15행과 열이 최적).

STEP 2.
Enter the size of your word search puzzle
Your puzzle can be up to 40 letters by 40 letters and still fit on one page. The optimum puzzle size is 15 letters by 15 letters.
Number of Letters Across 10
Number of Letters Down 10

마. 단어의 철자가 다른 단어의 철자와 겹치는 빈도를 선택한다. 빈도가 높을수록 더 어려워지고 퍼즐 생성 시 시간이 좀 더 걸릴 수 있다.

STEP 3.
Word search puzzle options
Puzzles where the words do not share any letters are faster to generate and easier to solve. If you choose to share letters as much as possible, the computer will take a little longer to generate the puzzle.

○ Use each letter only once.
◉ Share letters occasionally.
○ Share letters as much as possible.

바. 퍼즐의 출력 유형을 선택한다.

HTML: 퍼즐을 브라우저에서 바로 출력할 경우

Text: 퍼즐을 브라우저에서 복사하거나 잘라내어 다른 파일에 붙여넣기로 활용할 경우

Lowercase Text: 위의 Text의 유형과 같으나 소문자로 출력하고 싶은 경우

STEP 4.
Word search puzzle output type

- ⦿ **HTML.** Choose this option if you plan on printing the puzzle directly from the browser.
- ◯ **Text.** Chose this option if you plan on cutting and pasting the puzzle to a different application.
- ◯ **Lowercase Text.** Same as "Text" except letters are lowercase.

사. 목표 어휘들을 입력한다. 단어 사이에 쉼표나 스페이스로 여백을 입력하거나 행을 바꾸어 단어들을 입력한다. 예시에서는 쉼표를 사용했다.

STEP 5.
Enter your words
Separate your words with commas, spaces or type each word on a new line. Any character that is not a letter will be considered a space.

```
behind,between,block,corner,excuse,front,garden,ho
spital,idea,left,police station,pond,post
office,restaurant,store,straight,suprise,turn
```

아. 화면 하단의 [Create My Puzzle!] 을 클릭하면 화면이 전환되며 퍼즐이 나타난다. 화면 상단의 Print this page를 눌러 인쇄하거나 pdf 파일로 저장할 수 있다.

 바로 쓰는 꿀팁!

- Discovery Education's Puzzle Maker는 상시 무료로 사용할 수 있다는 큰 장점이 있습니다. 대신 화면에서 바로 출력 옵션(HTML)을 선택하면 소문자로 인쇄할 수 없다는 아쉬운 점이 있습니다. 출력 옵션에서 Text 또는 Lowercase text를 선택할 시 다른 문서로 이를 복사한 후 편집해야 하므로 한 번 더 절차를 거쳐야 하는 점을 참고해주세요. 또한 답안을 제공하지 않으므로 교사가 미리 답을 점검해야 한다는 점도 기억해주세요!

2. 퍼즐을 만드는 가장 빠른 방법, PuzzleFast

MAKE PUZZLES FAST!

순서	제작 방법	참고 화면
①	Google 검색창에 puzzlefast를 입력하여 사이트를 연다.	Google puzzlefast ⋯ www.puzzlefast.com ▾ PuzzleFast 무료 영어 퍼즐 만들기 - PuzzleFast.com 퍼즐로 만들 단어를 단어 : 힌트 형식으로 넣으세요 hello 안녕하세요 teacher : 선생 puzzlefast ...
②	화면 우측 상단에서 언어를 선택할 수 있다. 한국어 버전을 원하면 한국어를 클릭!	한국어 G 언어 선택 ▼
③	퍼즐 유형을 선택한다.	**1.** 퍼즐 유형을 선택하세요. ◉ 단어 찾기 퍼즐 (Word Search) 예제 ○ 십자 낱말 퍼즐 (Crossword) 예제 ○ Fill-In 십자 낱말 퍼즐 예제 ○ 철자 맞추기 퍼즐 (Jumble) 예제 ○ 짝 맞추기 퍼즐 (Matching) 예제 ○ 숫자 찾기 퍼즐 (Number Search)
④	퍼즐 제목을 입력한다.	**2.** 퍼즐 이름을 입력하세요. (입력하지 않아도 괜찮습니다.)
⑤	퍼즐로 만들 단어를 예시와 같은 형식으로 넣는다. (예) '단어: 힌트' 형식에 따라 → excuse: _____ me!	**3.** 퍼즐로 만들 단어를 단어 : 힌트 형식으로 넣으세요 **hello : 안녕하세요** **teacher : 선생** **puzzlefast : A great puzzle maker!** **much : Thank you very _____.**
⑥	'퍼즐 만들기'를 클릭하여 화면 하단의 완성된 퍼즐을 점검한다.	**4.** 퍼즐 만들기
⑦	상단의 아이콘을 통해 퍼즐과 힌트의 글자 크기 조정이 가능하며 '다시 만들기'를 클릭하면 퍼즐 모양이 다양하게 바뀌는 것을 확인할 수 있다.	A A 퍼즐: A A 힌트 A A ◀ ▼ ▶ ⊔ ⊔ 다시 만들기 4. Whrere is the post office?

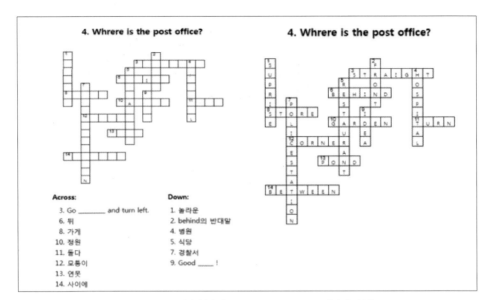

〈PuzzleFast에서 완성된 Cross word puzzle 예시와 답안〉

 바로 쓰는 꿀팁!

• PuzzleFast는 다양한 유형의 영어 퍼즐 제작을 무료로 할 수 있다는 점, 직관적
인 화면 구성으로 이해가 쉽다는 점, 한국어 버전으로 더 편리한 접근이 가능한
점 등에서 매우 유용한 학습 자료 제작사이트입니다. 또한 퍼즐의 답을 함께 제공
하기 때문에 교사 입장에서 더욱 시간을 절약할 수 있지요. 그러나 소문자 지원은
되지 않는다는 점이 조금 아쉬운 부분이니 참고 바랍니다.

03. 아이디어가 필요해? Pinterest

더 좋은 수업을 위한 효과적인 학습 자료를 찾기 위해 많은 고민을 하시죠? 검색에 검색을 거듭해도 들인 시간에 비해 딱 마음에 드는 자료와 아이디어를 찾기가 어려울 때가 많으시죠? 여기에 여러분의 노고를 덜어줄 아이디어, 자료 도우미 핀터레스트(Pinterest)를 소개합니다.

핀터레스트는 이용자가 스크랩하고자 하는 이미지를 포스팅하고 다른 이용자와 공유하는 소셜 네트워크 서비스이며, 명칭은 핀(Pin)과 인터레스트(Interest)의 합성어입니다. 이 서비스의 가장 큰 특징은 이미지 보드에 핀으로 사진을 꽂는 것과 비슷한 개념으로 이미지 파일을 모으고 관리할 수 있다는 점입니다. 핀터레스트 역시 타 SNS와 비슷하게 내가 원하는 이미지를 선택해서 보고 저장하고 공유할 수 있는 서비스이지만, 타인의 일상이 아닌 내게 필요한 정보와 이미지를 한데 모아 공유하는 서비스라는 차이점이 있습니다.

우리는 이 편리한 기능을 영어교육에 활용할 수 있습니다. 먼저, 핀터레스트의 '실시간' 업데이트 기능을 통한 학습 자료 검색은 교육의 최근 흐름과 동향을 파악하는 데 도움이 됩니다. 또한 보드에 사진을 핀으로 꽂아 모으듯 이미지를 모아 공유하는 '간편성'은 교사의 연구 시간을 좀 더 효율적으로 활용하게 돕습니다. 일일이 검색하지 않아도 알아서 보여주는 빠른 '정보전달' 기능은 우리에게 유용한 웹 사이트들을 소개해주며 교육 아이디어를 생성하는 데 기여합니다. 또한 PC와 모바일 기기의 앱 모두 지원하고 있어 언제 어디서든 떠오르는 아이디어의 이미지를 수집할 수 있는 장점이 있지요.

짧은 시간에 더 많은 아이디어가 필요하세요? 아래에서는 '파닉스' 수업자료를 예시로 핀터레스트 활용 방법을 소개하도록 하겠습니다.

1. 회원가입 및 로그인하기

https://www.pinterest.co.kr에서 회원가입을 한다. 페이스북이나 구글 계정으로도 로그인이 가능하다. 모바일 기기의 경우 앱스토어에서 핀터레스트(Pinterest) 앱을 다운받아 진행한다.

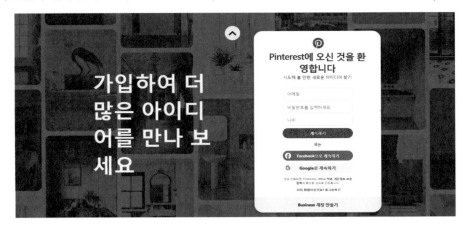

2. 개인 정보 설정하기

로그인하면 닉네임, 성별, 언어와 국가를 설정한 후, 관심사를 다섯 가지 이상 선택할 수 있다(후에 핀터레스트에 접속할 때마다 선택한 관심사와 관련된 이미지들을 매번 업데이트하여 보여준다).

3. 원하는 주제 검색하기

가. 화면 상단 검색(Search)란에 관심 있는 주제를 입력하고 검색한다. (예)'Phonics'
　　를 입력하면 검색창 아래에 'Worksheets', 'Activities', 'Game', 'Teaching' 등
　　다양한 하위 카테고리가 나타나는 것을 볼 수 있다.

나. 하위 카테고리를 클릭하여 더 자세한 이미지를 검색한다. (예) 'worksheets' -
　　'free'를 클릭하면 검색창의 글자가 free phonics worksheets로 바뀌면서 점점
　　더 원하는 이미지에 가까운 것들을 보여준다.

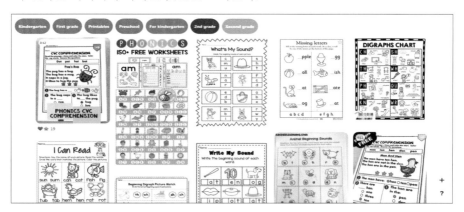

4. 이미지 저장하기

가. PC에 저장하기 / 모바일 기기의 '핀' 앨범에 저장하기

　　원하는 이미지를 열어 [•••] 버튼을 클릭하여 '이미지 다운로드'를 누른다.

나. 핀터레스트 내에 저장하기

1) 원하는 이미지를 열어 상단 우측의 '저장'을 클릭한다.

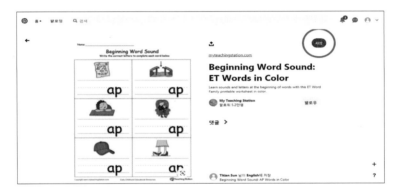

2) 이미지를 저장할 보드 이름을 설정한다(핀터레스트에서 보드란 PC의 '폴더' 개념으로 파일
   을 주제별로 모아두는 저장소의 개념. 본인이 여러 가지 주제의 보드를 만들 수 있다). 보드를 한
   번 설정해 놓으면 이미지를 저장할 때 바로 보드를 선택하여 저장할 수 있다.

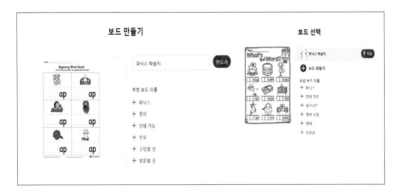

5. 주제별 보드 만들기

가. 윗쪽 본인의 프로필 🔘 을 클릭하면 저장해 놓은 이
미지가 주제별 보드별로 정리되어 있다. 프로필 하단
우측에 ➕ 모양 아이콘 클릭 후, '보드'를 클릭한다.

나. 보드의 제목을 입력한다. 스크랩에 대한 계획
을 세워 실행할 수 있도록 기간을 정할 수 있
다. 나만 알고 싶은 스크랩일 경우 비밀 모드
로 유지 버튼을 활성화한다.

다. 보드가 생성되며 제목과 관련된 이미지들이 바로 나타나는 것을 볼 수 있다.

6. 보드 공유하기

가. 보드에 커서를 올리면 아래 오른쪽에 나타나는 아이콘을 클릭한다.

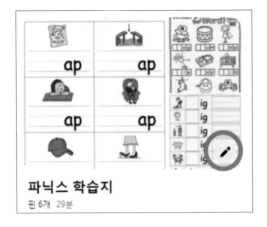

나. '보드 수정'창이 나타나면 참여자 오른쪽 ⬚ 아이콘을 클릭한다. 참여자 초대하기 창이 뜨면 메일로 참여자에게 링크를 보내 초대할 수 있다.

다. 초대한 참여자와 보드의 이미지들을 통해 아이디어를 공유한다.

- 핀터레스트 보드 팔로우하기

  인스타그램과 같은 SNS처럼 팔로잉 기능을 통하여 관심 분야의 방대한 자료와 아이디어를 얻을 수도 있습니다.

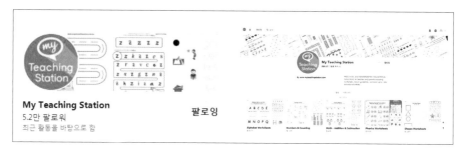

- 아이디어 더 보기

  화면 위 오른쪽에 나의 프로필[⊙]을 클릭하면 내가 모은 보드가 나타나며 보드 위에 '아이디어 더 보기' 탭이 있습니다. 보드에 모아 놓은 이미지들을 기반으로 비슷한 이미지들을 더 보여줌으로써 더 좋은 아이디어를 쉽게 찾을 수 있도록 돕습니다.

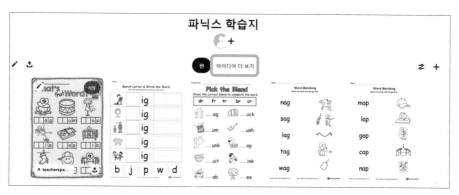

- 한글로 검색하기 / 영어로 검색하기

  같은 주제라도 한글로 검색했을 때와 영어로 검색했을 때의 결과가 다릅니다. 두 가지 방법을 활용해서 좀 더 원하는 결과를 찾아보세요.

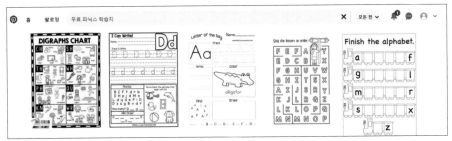

〈'무료 파닉스 학습지' 검색 결과〉

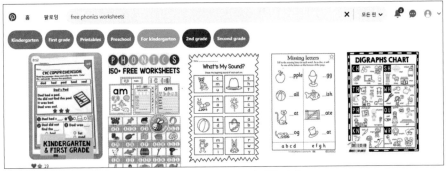

〈'free phonics worksheets' 검색 결과〉

04. 잠자는 수업을 깨워라! Wooclap

여기 한 교실을 살펴보겠습니다. 교사는 열정적으로 오늘 공부할 내용에 대해 설명하고 아이들은 흥미를 가지며 교사의 말에 집중합니다. 시간이 좀 지나게 되면 몇몇 아이들은 수업 중에 딴짓을 하거나 옆 친구들과 장난을 칩니다. 교사는 학생들이 공부한 내용을 잘 이해했는지 두세 명의 학생들에게 준비한 질문을 시작합니다. 수업을 마무리하면서 교사는 간단한 평가지를 준비해서 오늘 배운 내용을 학생들이 잘 이해했는지 평가를 실시합니다. 수업을 마친 후에는 시험지를 걷고, 교사는 채점을 위해 시험지를 책상에 올려놓습니다. 아마 다음 시간에는 아이들에게 시험지를 나눠주며 간단한 피드백을 제공할 것입니다. 여기까지는 우리의 일상적인 수업의 모습입니다.

Wooclap(우클랩)은 전체 학생들의 수업참여를 촉진하고 학생들의 이해 수준을 바로 확인할 수 있는 상호작용에 특화된 수업 플랫폼입니다. 이 플랫폼을 수업에 활용한다면 일상적인 수업에 작지만 큰 변화를 줄 수 있을 것입니다.

Wooclap의 가장 큰 장점은 학생들의 참여를 촉진한다는 점입니다. 수업에 흥미와 자신감이 없는 소극적인 학생들에게 시각적으로 참여하는 효과를 주어서 자연스럽게 배움과 협력에 동참하도록 합니다. 또한 학생들이 수업에서 꼭 이해하고 넘어가야 하는 부분에 대해 교사가 학생의 이해 수준을 평가하고 확인하는 과정도 수업 속에서 즉각적으로 실시할 수 있습니다.

Wooclap 안에 있는 word cloud, multiple questions, rating, find in image 등 20개의 도구를 수업주제나 방법에 따라 선택하여 수업을 역동적으로 만들 수 있습니다. 학생들이 참여한 결과를 교사와 학생 모두 바로 확인할 수 있는 점도 큰 매력이라고 할 수 있습니다. 교사는 관리자 권한으로 학생들 중 누가 어떤 답을 체크했는지 확인하여 개별적인 오류에 대한 즉각적인 피드백도 줄 수 있습니다. Wooclap이 만드는 수업의 변화를 체험하기 위해 Wooclap 사용법을 알아보도록 할까요?

 이렇게 활동해요!

1. Wooclap 사이트에 접속하여 회원가입하기

크롬브라우저를 열어 wooclap.com 사이트에 접속한다.

메뉴 상단에 회원가입을 클릭한다.

메일계정과 암호를 입력하면 Wooclap의 가입절차는 끝난다.

2. 로그인해서 이벤트(event) 만들기

가입한 메일계정과 암호를 입력하면 Wooclap 첫 화면이 보인다.

화면 안에 간단한 사용 동영상이 있고 새로운 event를 만들 수 있는 메뉴가 위쪽에 있다.

3. 이벤트 구성하기

가. Wooclap은 여러 도구를 제공한다. 여기서는 선다형 문제(multiple choice)를 선택해 문제를 구성해보도록 하겠다. 문제를 만든 후 저장(save)하고 시작(start) 버튼을 누른다.

나. 만들어진 문제를 학생들에게 보낼 수 있는 방법은 아래와 같다. 학생들이 스마트폰을 가지고 QR코드를 인식해 바로 접속하든지 아니면 생성된 코드로 연결되는 사이트를 안내해서 해당 문제를 해결하도록 한다.

4. 이벤트 참여하기

학생들이 갖고 있는 스마트폰으로 위의 QR코드를 스캔하거나 웹사이트 주소를 클릭하면 왼쪽과 같은 화면으로 이동하여 문제를 풀 수 있는 화면으로 이동한다. 학생들이 모두 참여한 뒤 결과는 아래와 같이 볼 수 있다.

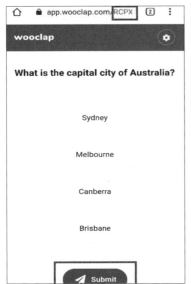

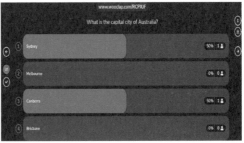

- Wooclap의 이벤트는 활동이나 수업을 의미합니다. 한 이벤트 아래 두 개의 활동은 무료로 제공되고 그 이상의 활동을 추가할 경우에는 추가 비용을 지불해야 합니다. 다른 이벤트를 만들어서 두 가지 활동을 구성하고 또 다른 이벤트를 계속해서 만들 수 있기 때문에 Wooclap을 사용하여 수업을 재구성하는 데 비용을 추가적으로 들일 필요는 딱히 없다고 할 수 있습니다. 수업 시작 후 간단한 동기유발을 위한 퀴즈 및 정리문제를 학생들에게 내줄 경우 Wooclap은 효과적입니다.

- 다양한 활동을 할 수 있는데 예를 들어, 학생들의 기분을 묻는 활동 자유대답을 쓰게 해서 워드 클라우드로 나타낼 수 있고 그림과 단어를 바르게 연결짓는 문제를 낼 수 있습니다.

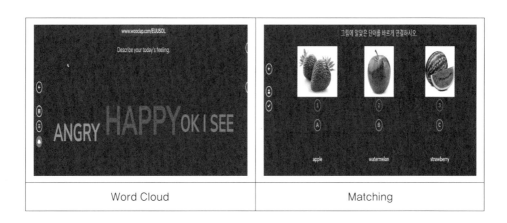

| Word Cloud | Matching |

05. 함께해서 즐거워! 구글 문서를 활용한 역할극 쓰기

언어기능	읽기/쓰기
활동 형태	모둠 활동
준비물	(교사/학생) 태블릿PC 또는 스마트폰
활용 방법	역할극 대본 쓰기

구글 문서의 가장 매력적인 기능은 특정한 프로그램을 설치하지 않고도 인터넷에서 문서의 기능을 사용할 수 있다는 점입니다. 교사가 문서의 서식을 정하고 공유하면 학생들은 동일한 서식을 사용해서 문서를 작성할 수 있습니다. 학생들이 구글 문서를 통해서 작성한 내용은 자동으로 저장되기 때문에 프로그램의 오류로 인해 저장되지 않는 문제를 막을 수 있습니다. 구글 문서를 영어 쓰기 수업에 활용할 때 음성입력 기능이 있다는 것이 매우 유용합니다. 영어 타자에 익숙하지 않은 학생들도 편하게 영어 쓰기에 참여할 수 있습니다.

구글 문서는 공유 기능이 있어서 여러 사람이 협력하여 한 편의 글을 완성할 수 있도록 지원합니다. 교사가 구글 문서에서 역할극 대본 문서를 공유하면 학생들은 모둠원들과 함께 역할극 대본을 작성하고 수정하면서 협업의 과정을 경험할 수 있습니다. 온라인 수업이라면 구글 미트(Google Meet)를 활용하여 모둠별 화상 회의 공간을 제공하면 학생들은 모둠 토의를 통해 서로 소통하면서 역할극 대본을 완성할 수 있습니다.

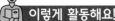

1. 교사가 역할극 대본 양식을 구글 문서에서 작성한다. 마이크로소프트 워드에서 문서 작성하는 방법과 같다. 역할극 대본에 들어가야 하는 내용으로 제목, 등장인물, 장면에 대한 설명, 활용 표현 칸을 만들어 학생들이 작성할 수 있도록 한다.

2. 파일 메뉴의 [공유]를 선택하거나 구글 문서 오른쪽 위에 공유[공유]를 클릭한 후, '일반 엑세스'에서 '링크가 있는 모든 사용자'와 '편집자'를 선택한다. 링크는 복사해서 학생들이 잘 볼 수 있는 밴드나 학급 홈페이지에 게시한다. 이 링크로 들어오는 모든 학생은 문서를 작성하거나 수정할 수 있다.

3. 삽입 메뉴의 [댓글]을 선택하거나 구글 문서 오른쪽 위에 댓글 도구상자[田]를 클릭해서 댓글 추가를 선택하면 댓글을 입력할 수 있다. 학생들이 쓴 내용에 대해서 오류가 있거나 추가할 내용이 있으면 교사가 댓글로 피드백을 해줄 수 있다. 학생들에게 공지할 내용이나 격려의 말도 댓글로 남길 수 있다.

4. 파일 메뉴의 [이동]을 선택해서 구글 드
라이브에서 만든 폴더에 파일을 이동할
수 있다. 파일을 구글 드라이브 '역할극
대본 쓰기' 폴더로 이동한다. 이 폴더를
선택하여 [링크 생성]을 클릭한 뒤, '일반 엑세스'에서 '링크가 있는 모든 사용자'
와 '뷰어'를 선택한다. 링크를 복사하고 공유하여 다른 모둠의 대본을 읽어보도록
한다.

 바로 쓰는 꿀팁!

- 도구 메뉴의 [음성입력]을 선택하면 마
이크 모양의 작은 창이 뜹니다. 이 창에
서 언어를 'English(US)'로 선택하면 영
어 음성이 영문으로 입력됩니다. 수정
할 내용이 있는 부분에 마우스를 놓고 원하는 내용으로 음성을 영어로 입력할 수
있습니다.
- 여행지나 음식을 소개하는 홍보물 만들기, 축제를 알리는 초대장 만들기 등의 프
로젝트 학습을 할 때 구글 문서를 활용해서 학생들의 협업을 가능하게 할 수 있습
니다.

06. 공부가 즐거워! Kahoot

언어기능	읽기
활동 형태	전체활동
준비물	(교사/학생) 태블릿PC 또는 스마트폰
사용 표현	What day is it today?

"선생님! 이렇게 재미있는 시험은 처음이에요! 시험 한 번 더 봐요!"

교사가 영어수업 도입부에 전시회상을 위해 제시한 4지 선다형 문제를 풀고 나서 5학년 학생들이 한 말입니다. 이 말이 믿어지나요? 대개의 고학년 학생들은 영어 문제 풀이를 싫어합니다. 학생들이 별로 좋아하지 않는 영어라는 과목에, 그것도 시험이라니…. 그런데 이 학생들은 왜 이런 반응이 나왔을까요? 그 이유는 바로 게임 기반 앱 중의 하나인 카훗(Kahoot)을 사용했기 때문입니다. 만약 시험지에 출제한 문제였다면 이런 반응이 나왔을까요? 분명히 그렇지 않았을 것입니다. 요즘 학생들은 무엇을 좋아하나요? 친구들과 밖에서 뛰어노는 것보다 스마트 기기로 하는 다양한 활동을 좋아합니다. 이런 현대의 디지털 네이티브, Z세대 학생들에게 게임처럼 공부할 수 있는 앱들은 대환영을 받고 있습니다. 그런 게임 기반 앱 중의 하나가 바로 카훗입니다. 카훗은 스마트 기기(태블릿PC, 스마트폰, 랩톱 컴퓨터 등)를 기반으로 퀴즈나 토론, 설문 등을 교실에서 실시간으로 진행할 수 있는 '청중 반응 시스템'입니다. 학생들이 수업시간에 게임을 하는 기분으로 주어진 문제에 답을 할 수 있기 때문에 즐겁게 몰입할 수 있습니다.

카훗은 노르웨이의 벤처기업이 만든 온라인 교육 플랫폼입니다. 수업 후에 과제물로서 카훗을 활용한 퀴즈, 문제 등을 제공하기도 하고, 실시간 다중접속이 가능해 퀴즈를 통한 다양한 레크리에이션 활동에 활용하기도 합니다. 사용자는 특정 링크에 접속해 핀 번호만으로 카훗에 간편하게 접속, 사용할 수 있다는 장점이 있습니다. 카훗에 사용할 문제 출제는 교사가 직접 해도 되고, 기존의 다른 사용자들이 출제한 내용을 문제은행식으로 가지고 와서 사용해도 됩니다. 한글로 된 퀴즈도 많이 있습니다. 무료 사용자의 경우 사지선다형, OX 퀴즈 등을 제작할 수 있습니다.

　카훗을 사용한 문제풀이는 참여 학생들이 입력한 답과 입력한 속도에 따라 점수가 매겨지고 즉시 점수에 따른 순위가 게임처럼 나옵니다. 스마트 기기를 활용하는 방법과 카훗의 그래픽 스타일과 알고리즘 등이 학생들이 좋아하는 게임과 흡사합니다. 학생들에게 공부가 놀이처럼 느껴진다면 시험을 한 번 더 보자고 외치는 소리를 들을 수 있을 것입니다. 승부욕이 강한 학생들은 미리 공부하는 모습도 보여줍니다. 학생들에게 카훗을 예고하고 기간을 설정해서 공부내용을 알려준다면 훨씬 효과적일 것입니다.

　영어에 대한 집중력과 흥미도가 상승하는 모습을 직접 확인할 수 있는 그 놀라운 앱을 지금 바로 시작해볼까요?

 이렇게 활동해요!

1. 수업 전 준비하기

[교사]

가. 접속하기: 교사가 카훗(http://kahoot.com)을 방문하여 접속한다.

나. 가입하기(sign up): 가입을 선택한 후 직업과 사용 장소를 선택하여 체크한다.

구글계정, 마이크로소프트계정, 애플계정, 또는 이메일로 가입할 수 있다.

다. 로그인하기(Log in): 로그인을 하면 기본(Basic) 무료 프로그램과 기능에 따라 세 가지 유료 프로그램 중에서 선택할 수 있다. 연간으로 결제되며 가격은 아래 그림과 같다. 카훗은 일단 무료로 사용해보고 더 원하는 기능이 있을 때 유료를 결제해도 좋다.

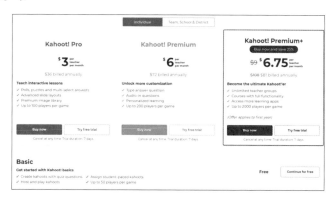

라. 카훗 네비게이션 바 메뉴 설명

1) Home: 카훗의 홈페이지
2) Discover: 다른 사람들이 만들어 공유하는 카훗 찾기
3) Kahoots: 내가 만든 카훗 보기
4) Reports: 결과 확인하기
5) Groups: 그룹 설정하기

마. 카훗 문제 만들기 양식: Create를 누르거나 My Kahoots의 Create Kahoot를 누르면 새로운 카훗을 만들 수 있다. 무료 카훗에는 네 가지 템플릿이 있다.

1) New kahoot: 작성자가 자유롭게 문제를 만들 수 있다.
2) Kahoot! for formative assessment: 형성평가를 위한 템플릿을 제공한다. 문제의 난이도나 정답과 오답을 적절히 넣을 수 있도록 구성되어 있다.
3) Get to know your teacher: 퀴즈를 통해 교사를 소개하는 템플릿이다. 미리 제공되는 양식에 맞게 교사의 이름, 취미 등을 재미있게 소개하거나 새로운 문제를 만들어서 사용할 수도 있다. 학기 초에 학생들에게 교사에 대해 경쟁하는 퀴즈 형식을 통해 소개하는 데 활용하면 좋다. 교사뿐만 아니라 학기 초 적응 활동 시간을 활용하여 학생들이 각자 자신을 소개하는 문제를 만들어 보게 하는 것도 재미있다.

바. 카훗 문제 만들기

1) New kahoot을 선택하여 카훗의 제목을 설정한다.

2) Settings를 누르면 세부사항(음악, 비디오, 로고, 공개 여부 등)을 설정할 수 있다.

3) 왼쪽의 Add question을 누르면 다음 문제를 추가할 수 있다.

4) 문제 출제: Click to start typing your question에 문제를 입력한다. Drag and drop image from your computer에 이미지를 입력하거나 유튜브를 연결해 동영상을 넣을 수도 있다.

Add answer 1, 2, 3, 4 보기를 입력한다(보기는 최소 2개 이상 입력한다). 이때 보기의 글씨체는 볼드체, 이탤릭체, 수학기호, 특수기호 등을 입력할 수 있다.

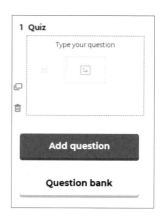

보기를 작성하면 보기 오른쪽에 동그라미가 생기는데 정답인 보기 동그라미에 체크한다.

카훗 왼쪽의 Time limit은 문제를 푸는 시간을 설정한다. 학생들의 상황에 맞게 설정하면 좋다.

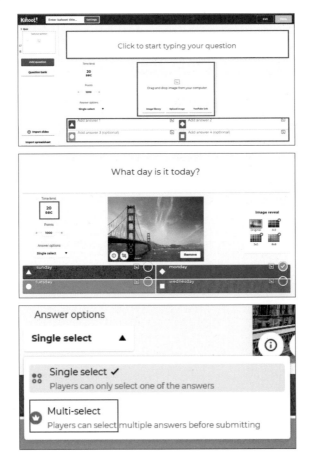

참고로 카훗의 여기저기에 보이는 주황색 원 안의 흰색 왕관 표시는 유료에서만 활용하는 옵션이다.

카훗 오른쪽 위 미리보기(Preview)를 누르면 만들어진 문제가 어떻게 실행되는 미리 볼 수 있다.

카훗 왼쪽 보라색 동그라미 원 안에 문제를 풀 수 있는 시간이 스톱워치처럼 표시되고 오른쪽 검정색 숫자는 문제를 푼 학생들의 숫자를 표시한다.

편집이 끝나고 문제 출제가 마무리되면 오른쪽 위 초록색 Done을 눌러 마무리한다.

다시 문제를 추가하기 위해서 Add question을 누르면 다음처럼 여러 가지 문제 유형을 선택할 수 있는 메뉴가 나온다. 그러나 왕관이 그려진 메뉴는 유료이므로 무료로 사용할 수 있는 메뉴는 두 가지다.

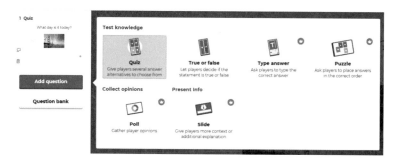

2. 수업에서 카훗 활용하기

[교사]

가. 실시간 진행: 교사가 카훗(http://kahoot. com)을 방문하여 접속하여 로그인하면 교사가 만들어 놓은 카훗을 볼 수 있다. 이때 Teach 모드는 교사와 학생이 실시간에 문제를 푸는 것이고 Assign 모드는 정해진 기간 안에 학생 스스로 문제를 푸는 것이다.

수업 중 실시간 진행일 경우는 Teach 모드를 선택한다.

나. 진행모드 선택: Teach 모드 선택 후 학생이 개인별로 문제를 푸는 Classic과 스마트기기가 부족한 경우나 기타 팀별로 문제를 풀어야 하는 경우에는 Team 모드를 선택한다. 또 여기서 Friendly nickname generator에서 on을 선택하면 참여 학생들이 자신의 별명을 설정해서 들어올 수 있어 게임의 작은 재미를 더해준다. 그 밖에도 배경음악도 설정할 수 있다.

[학생]

카훗은 대개 교실에서 큰 TV 화면에 교사가 카훗을 보여주고 학생들은 자신의 스마트기기로 참여하게 된다.

가. 접속하기: 학생은 태블릿PC나 스마트폰으로 카훗 앱을 설치하거나 www.ka-hoot.it에 접속한 뒤 스마트기기에 다음과 같이 Game PIN을 입력하면 게임에 참여할 수 있다. 오른쪽은 교사가 보여주는 화면이다. 여기에 나온 Game PIN을

학생들은 입력하고 Enter를 누른다.

핀번호를 누르고 들어가면 학생들은 자신의 별명(nickname)을 설정할 수 있다. 닉네임을 설정하고 입장하면 교사의 창에 참여한 학생의 별명이 뜬다.

이때 학생의 스마트기기 화면에서 다음의 왼쪽 그림처럼 보기가 도형으로 표시된다. 학생은 교사가 제시한 교실의 큰 TV화면의 문제를 보고 정답이라고 생각하는 도형을 선택한다. 카훗은 단어나 문장 등의 영어읽기 학습에 효과적이다.

이미지출처: http://kahoot.com/

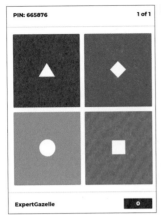
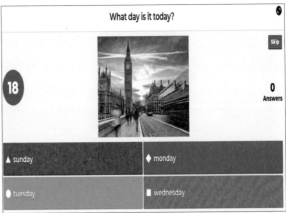

한 문제가 끝날 때마다 다음과 같이 점수와 순위가 표시된다. 이는 학생의 참여도와 흥미를 높여준다.

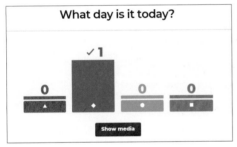

 바로 쓰는 꿀팁!

- 영어수업 중 듣기자료를 듣고 나서 이해도를 체크할 때 사용해보는 것도 좋습니다.
- 수업의 도입 부분에 지난 시간에 배운 내용을 복습하거나 수업의 정리 부분에 그 수업시간에 배운 내용을 정리하는 활동으로 활용할 수 있습니다.
- 영어가 아니라도 한국어로 수업 주제(Topic)에 대한 배경지식을 알아볼 수도 있습니다.
- 게임을 하다가 중간에 와이파이가 접속이 끊어지는 경우 참여하지 못하는 학생들이 생기기도 합니다. 무엇보다 안정된 와이파이 환경이 우선되어야 합니다.

07. 실시간 퀴즈, 실시간 조사! Mentimeter

언어기능	읽기/쓰기
활동 형태	전체활동
준비물	(교사/학생) 태블릿PC 또는 스마트폰
사용 표현	What is your favorite season?

    교실에서 가끔 우리 반 학생들의 전체적인 의견을 알아보기 위해 교사들이 주로 사용하는 방법에는 어떤 것들이 있을까요? 예를 들어 '우리 반 학생들이 가장 좋아하는 계절은 무엇일까요?'에 대한 문제를 해결한다고 가정해봅시다. 교사는 학생들에게 자신이 좋아하는 계절에 대한 응답을 요구한 뒤 계절마다 손을 든 학생들의 수를 셀 것입니다. 또는 좋아하는 계절을 한 사람씩 돌아가며 발표시키고 발표 내용을 다시 표로 정리할 수도 있습니다.

    그러나 이런 방법들은 시간과 노력이 많이 드는 번거로운 과정입니다. 또 각 항목을 더한 숫자가 반 학생 전체 수와 맞지 않을 때 "누가 손 안 들었어?"라고 외치며 처음부터 다시 같은 과정을 반복하다 보면 짜증스럽기도 합니다. 수학 시간이 아닌 이상 이런 활동에 시간을 낭비하는 것은 교사를 힘들게 합니다.

    이런 문제점을 단번에 해결할 수 있는 프로그램이 바로 멘티미터(Mentimeter)입니다. 멘티미터는 실시간으로 의견을 모으거나 퀴즈를 풀어볼 수 있는 웹사이트 도구이며 PC, 모바일 버전 모두 지원해줍니다. 참여자들이 인터넷 사이트에 접속해 설문하고 학생들의 다양한 생각을 바로 확인할 수 있다는 장점이 있습니다. 멘티미터의 여러 가지 방법 중 '워드 클라우드'는 가장 많은 학생이 선택한 결과를 가운데에 큰 글자로 보여줍니다. 직관적으로 우리 반 학생들의 의견을 잘 알 수 있어 흥미롭습니다.

'디지털 네이티브(Digital natives)' 세대인 우리 아이들은 다양한 디지털 기기를 사용해 상대방과 즉각적인 의사소통을 하는 데 익숙하고 신속한 반응을 추구하는 경향이 있습니다. 이런 점에서 멘티미터는 요즘 학생들이 좋아하는 앱입니다.

예를 들어 영어시간에 읽기와 쓰기 활동을 할 때 교사가 미리 "What is your favorite season?"이라는 질문으로 프리젠테이션을 만들어 놓고 수업시간에 학생들에게 읽게 하고 학생들이 좋아하는 계절을 영어 단어로 입력하면 우리 반 학생들이 가장 좋아하는 계절을 실시간으로 쉽게 알 수 있습니다.

이제 돼지 소풍 가는 것처럼 숫자 세는 것은 영원히 안녕입니다.

 이렇게 활동해요!

1. 수업 전 준비하기

[교사]

가. 접속하기: 교사가 멘티미터(www.mentimeter.com)를 방문하여 접속한다.

나. 로그인하기: 교사의 페이스북이나 구글 계정, 또는 이메일로 따로 가입 없이 로그인이 가능하다.

로그인하면 멘티미터를 사용하는 목적을 체크한다.

다. 새로운 프리젠테이션 만들기: New presentation을 클릭하고 들어가 Create presentaion을 선택하면 새로운 프리젠테이션을 만들고 이때 프리젠테이션 제

목을 입력할 수 있습니다.

라. 설문의 성격에 따라 어울리는 양식을 선택한다.

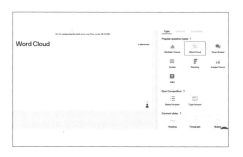

마. 설문 형식에 따른 다양한 옵션을 선택할 수 있다.

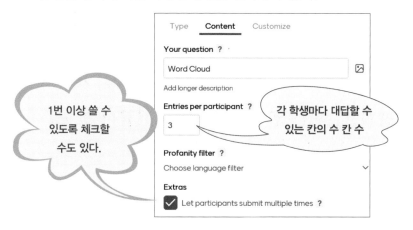

바. 학생들이 각 프리젠테이션에 대답을 입력하기 위해서는 숫자로 된 접속코드 6자
  리를 알고 스마트폰이나 태플릿의 멘티미터에 접속해서 코드번호를 입력해야
  한다.

사. 설정이 완료되면 오른쪽 위 present 버튼을 누른다.

이제 프리젠테이션을 실행하면 실시간으로 학생들의 응답을 받아볼 수 있다.

[학생]

가. 스마트폰이나 태블릿PC를 사용해 www. menti.com 접속한다.

나. 선생님이 알려주신 6자리 숫자로 된 접속코드를 입력한다.

다. 코드를 입력하면, 질문과 입력창이 나온다. 학생들은 입력창에 자신들의 생각을 적고 submit를 눌러 제출한다.

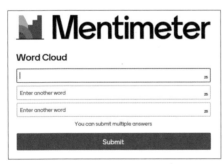 

라. 결과를 다음과 같이 이미지로 즉시 확인할 수 있다. 워드 클라우드는 공통되거나 많이 나온 응답을 화면 가운데 가장 크게 보여줘서 좋다. 실시간으로 응답이 입

력되면 재배열되면서 참여자의 수도 확인할 수 있다. 그러나 단어별 참여자의 수
는 알 수 없다.

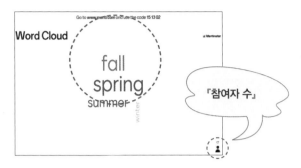

- 사전에 교사가 질문을 미리 준비해두어야 합니다. 질문 생성은 휴대폰보다 컴퓨
  터를 이용해 만드는 것이 좋습니다.

08. 함께해요! Padlet

언어기능	읽기, 쓰기
활동 형태	개인 및 모둠 활동
준비물	(교사/학생) 태블릿PC 또는 스마트폰
활용 방법	아이디어 공유

"선생님 저도 발표하고 싶어요."

학생들은 자신의 학습 결과물을 선생님, 친구들과 함께 공유하면서 소통하고 싶어 합니다. 패들렛(Padlet)은 이러한 공유 활동을 적극적으로 도울 수 있는 사이트와 앱을 함께 제공하고 있습니다. 게시판의 링크를 복사하여 학급 홈페이지나 밴드에 공유하면 학생들은 로그인 없이도 글을 작성합니다. 게시글에 대한 댓글을 쓸 수 있으며 '좋아요'나 '별점' 등의 반응을 표현하면서 학생과 학생, 교사와 학생 간의 원활한 피드백을 할 수 있습니다.

Padlet에서는 교사가 활동 방법에 따라 게시판의 서식을 수시로 변경하여 활용할 수 있습니다. 학생들은 별도의 프로그램 없이 게시물을 작성할 수 있으며 저작권과 관계없이 사용할 수 있는 사진이나 영상을 검색하여 첨부할 수 있습니다. 교사는 학생들의 게시물을 pdf, 이미지, 엑셀 등 다양한 형식으로 저장할 수 있어 학습 결과물을 참고자료로 활용할 수 있습니다.

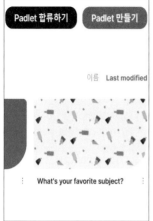

1. https://padlet.com/에서 회원가입 후 로그인한다. [Padlet 만들기] 메뉴를 클릭하여 원하는 서식을 선택한다.

2. Padlet의 제목과 설명을 쓴다. 제목과 설명 앞에 아이콘을 붙일 수 있고 배경화면과 글꼴도 선택할 수 있다.

3. 로그인 없이 쓸 수 있게 저작자는 표시하지 않는다. 상호작용을 위해 [댓글]과 [반응]도 설정하면 좋다.

6. 학생들은 제목과 쓸 내용을 적는다. [🗐]를 선택하면 컴퓨터에 있는 파일을 올릴 수 있다. [🔗]은 링크를 삽입할 수 있으며 [🖼]은 이미지, 오디오, 비디오를 선택하여 삽입하게 해준다. [📷]으로 사진을 찍어서 바로 올릴 수 있으며 [●●●]으로 다른 여러 기능을 활용할 수 있다.

4. 오른쪽 상단의 [공유]를 클릭하면 작성된 게시물을 웹사이트나 SNS에 공유가 가능하며 여러 가지 형식의 자료로 저장하여 활용할 수 있도록 한다.

5. 오른쪽 상단의 [●●●]를 클릭한 후 [전체화면 입력]을 선택하여 전체 보기가 가능하고 인쇄 및 수정, 서식 변경도 할 수 있다.

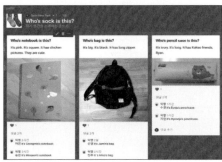

- Padlet의 일곱 가지 종류 중에서 학습활동의 특징에 따라 알맞은 서식을 선택하여 활용할 수 있습니다. [스트림] 서식은 콘텐츠가 세로로 정렬되어 한 자료를 화면에 크게 보여줄 수 있어 발표하거나 답을 확인하기에 편리합니다. [그리드] 서식은 콘텐츠들이 가로 선에 정렬되어 자료들을 한 줄씩 보기에 편하고 콘텐츠들을 깔끔하게 정리할 수 있습니다.

- [담벼락] 서식은 한 주제에 관한 이야기를 기록하면서 실제로 찍은 사진을 올릴 수 있습니다. 교사가 게시물을 선택하여 드래그하면서 원하는 위치로 이동시킬 수 있습니다.

- 자신의 물건을 소개하는 글쓰기를 하고 친구들이 댓글로 누구의 물건인지 적어보는 활동을 구성할 수 있습니다.

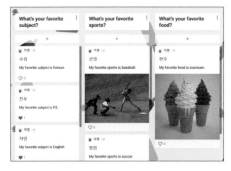

- [셀프] 서식에서는 여러 질문을 게시하면 [+]를 클릭하여 각 질문에 대한 자신의 생각을 기록합니다. 검색한 사진을 첨부하면 자신의 생각을 정확히 전달할 수 있습니다.

- 좋아하는 것, 일과에 대한 생각을 나눌 때 활용할 수 있으며 칼럼별 질문에 대한 답변을 세로 한 줄로 보여줍니다.

- [그리드] 서식에서는 교사가 하나의 질문을 올리면 학생들이 채팅이나 댓글처럼 자신의 생각을 연이어 기록합니다.

- 수업 정리단계에서 학생들이 배운 내용을 활용하여 질문에 대한 문장 쓰기를 합니다. 분단별 또는 모둠별 백채널 방을 만들어 영어로 끝말잇기 게임도 할 수 있습니다.

- [지도] 서식에서는 특정 지역을 검색하여 위치를 지정하고 내용을 기록합니다. 사용 가능한 사진을 검색하여 게시할 수 있어 내용 전달과 발표에 효과적입니다. 드래그하면서 지도의 확대 또는 축소가 가능합니다.
- 여름방학에 가고 싶은 여행지 소개하기(가고 싶은 장소, 음식, 즐기고 싶은 활동), 자신을 외국 친구라고 설정하고 소개하기(출신지, 가족, 출신지에서 유명한 장소)를 할 수 있습니다.

- Padlet의 [타임라인]에서는 가로선을 따라 시간 순서대로 학생들이 글을 씁니다. 게시물을 드래그해서 원하는 곳으로 위치를 바꿀 수 있고, 복사해서 원하는 패들렛에 붙일 수 있습니다. '+'를 클릭하면 새로운 글을 쓸 수 있습니다.
- 모둠별 타임라인을 만들어 역할극 대본을 작성하는 공간으로 사용할 수 있으며 한 학년 동안 배운 표현을 활용하며 협업하며 이야기를 쓸 때도 활용할 수 있습니다.

09. URL 줄이기와 QR코드 만들기

1. URL 단축 주소 서비스 - URL 쇼트너(URL Shortener)

　인터넷을 보다 보면 다른 사람과 공유하고 싶거나 저장해두고 싶은 페이지를 발견하게 됩니다. 그러나 그 인터넷 페이지를 복사하려다 보면 주소가 (https://blog.naver.com/aprilain2004/221088772961) 뭐 이런 식으로 또는 이것보다 더 복잡하고 긴 경우가 있습니다. 이런 건 한눈에 보기에도 복잡할 뿐만 아니라 타이핑이나 메모를 하려고 해도 아주 어렵고 귀찮습니다. 이럴 때 주소를 짧게 줄이는 방법이 있습니다. 인터넷 주소를 줄여주는 서비스를 URL 쇼트너(URL Shortener)라고 합니다. 다양한 서비스 중에서 제가 쓰는 URL 쇼트너 서비스를 소개하고자 합니다. 길고 복잡한 인터넷 주소를 줄여서 임의의 주소로 설정 가능한 단축 주소 서비스인 gg.gg가 있습니다. 짧고 외우기도 좋습니다.

　먼저 인터넷 주소창에 gg.gg 또는 http://gg.gg/를 입력합니다.

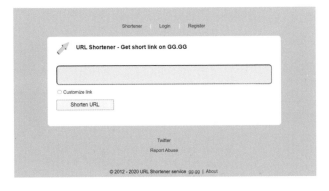

　다음에는 줄이고 싶은 인터넷 긴 주소를 복사해 넣고 Shorten URL을 누르면 아래와 같이 주소가 임의로 생성됩니다.

이때 Customize link를 체크하면 나만의 주소를 마음대로 만들 수도 있습니다. 이미 그 주소가 있는 경우는 그 주소가 이미 존재한다고 빨간 경고 표시가 나온다. 그때는 다른 주소를 입력할 수 있습니다.

2. QR코드 만들기

인쇄물이나 상품에 찍혀있는 흰색과 검정색의 정사각형 속에 알 수 없는 암호처럼 보이는 기호나 그림을 보았나요? 바코드와도 비슷하지만 활용성이나 정보성에 있어서 기존의 바코드보다는 훨씬 발달된 코드 체계입니다.

많은 양의 정보를 손쉽게 처리할 수 있는데 링크가 되어있고 주소나 지도, 명함 등의 다양한 정보를 담고 있습니다. QR은 'Quick Response'의 약자로 빠른 응답을 얻을 수 있다는 의미입니다.

영어 상황 카드에 QR코드를 붙여 학생들이 직접 연결된 영상을 보고 노래를 듣거나 짧은 동영상을 통한 학습을 할 수 있습니다. 역할극 대본에 QR코드를 붙여 녹음 파일을 연결해서 들어볼 수 수 있습니다. 또한 교사는 학생들에게 나눠주는 학습지에 QR코드를 붙여 학생들과 공유하고 싶은 영상, 사이트 등을 손쉽게 알릴 수 있습니다.

줄여놓은 주소에 QR Code This Link를 누르면 다음과 같이 QR코드가 생성됩니다.

QR코드에 커서를 두고 오른쪽 버튼을 누르면 이미지를 복사하는 등의 다양한 기능이 있습니다.

이렇게 복사한 이미지를 필요한 곳에 붙이기만 하면 자유롭게 사용할 수 있습니다.

10. 재미짱! 구글 설문지를 활용한 퀴즈 만들기

언어기능	듣기/읽기/쓰기
활동 형태	개인 활동
준비물	(교사/학생) 태블릿PC 또는 스마트폰
활용 방법	퀴즈 해결하기

　　교사가 학생들을 평가할 때 가장 힘든 점은 문항 제작뿐만 아니라 채점과 학생의 오류에 대한 교정입니다. 오류의 경향성 분석에도 많은 노고가 필요합니다. 온라인 퀴즈는 이러한 교사의 부담을 크게 덜어주고 오류 분석 자료까지 제공합니다.

　　온라인 퀴즈는 학생들이 휴대폰이나 태블릿, 노트북만 있다면 시험지를 복사하지 않고도 해당 학생들을 대상으로 동시에 실시할 수 있습니다. 학생들이 시험지를 제출하고 나서 점수보기를 선택하여 정답 여부를 확인합니다. 오답에 대한 교사의 의견을 학생들이 볼 수 있어 학생들의 오류에 대해 교정해주며 즉각적인 피드백까지 줄 수 있다는 장점이 있습니다.

　　온라인 퀴즈를 제작할 때 네이버 오피스의 폼 중에서 퀴즈를 선택하거나 마이크로소프트 폼즈(Microsoft Forms)에서 내 양식의 새 퀴즈를 선택하여 활용할 수 있습니다.

이렇게 활동해요!

1. 구글 설문지에서 [템플릿 갤러리]로 이동하여 '교육'의 '퀴즈'를 선택한다. 섹션 추가(吕)를 클릭하여 학생들의 반과 이름을 적을 수 있는 섹션을 만들면 응답 보

기를 할 때 개인별 점수를 쉽게 확인할 수 있다. 질문 추가(⊕)를 클릭하면 새로운 질문을 작성할 수 있는 창이 추가된다.

2. 문제의 내용을 입력하고 이미지 추가 (🖼)를 클릭하면 내 컴퓨터나 구글 드라이브에 있는 이미지를 업로드할 수 있으며 이미지를 검색하여 삽입할 수 있다. 이미지 검색 내용과 함께 illustration이나 cartoon을 끝에 붙이면 만화적인 이미지나 캐릭터 등을 검색하여 활용할 수 있다.

3. 질문 위쪽에 있는 아이콘(⠿) 위에 마우스를 놓고 드래그하면 원하는 위치로 질문을 이동할 수 있다.

4. 질문의 오른쪽 위에서 문항의 유형을 선택할 수 있다. 문항의 유형에는 단답형, 장문형, 객관식 질문, 체크박스 등이 있어 문제에 맞는 유형을 선택할 수 있다. 이미지 옆 아이콘(⋮)을 클릭하면 이미지의 위치를 맞추거나 이미지를 변경 또는 삭제할 수 있다. 캡션 추가를 클릭하면 이미지 아래쪽에 추가적인 설명 글을 기록할 수 있다.

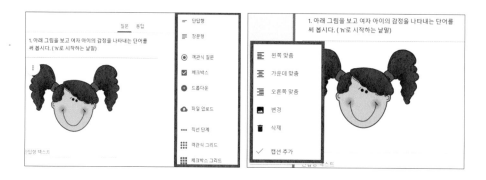

5. 문제 하단의 답안(☑ 답안)을 클릭하면 문항의 점수와 정답을 입력할 수 있다. '답변 관련 의견 추가'를 클릭하면 정답에 대한 교사의 추가적인 설명을 입력할 수 있다.

6. 이미지 추가(🖼)를 클릭하여 답안 예시에도 문제의 의도에 맞는 그림을 삽입할 수 있다.

7. 상단에 있는 설정을 선택하여 퀴즈로 만들기, 응답, 프리젠테이션, 기본값 부분을 설정한다. 퀴즈 만들기에서는 제출 후 결과를 공개할지 여부를 선택한다. 학생들이 퀴즈를 해결한 뒤 바로 틀린 문제, 정답과 점수를 확인하게 할 것인지도 설정한다.

퀴즈 응답과 관련해서 이메일 정보 수집, 응답 사본 전송 여부, 응답 수정 허용과 응답 횟수 설정이 가능하다. 프리젠테이션 부분에서는 진행률 표시, 질문 무작위 섞기를 선택할 수 있으며 제출 후 응답 기록에 대한 내용 등도 수정할 수 있다. 기본 값 부분에서는 이메일 주소 수집, 필수 질문 설정을 선택한다.

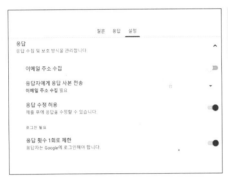

8. 질문 위쪽 '보내기'를 클릭하면 설문지에 연결되는 링크가 설정되고 단축된 URL을 복사하여 사용할 수 있다.

9. 학생들이 '점수보기'를 클릭하면 맞은 문제에 대해서는 할당된 점수가 표시되고 교사가 입력한 의견을 볼 수 있다. 틀린 문제는 점수가 표시되지 않으며 정답이 제공된다.

10. 퀴즈의 [질문] 메뉴 옆, [응답] 메뉴를 활용하여 학생의 응답 경향에 대해서 분석한다. [응답]의 '개별' 메뉴에서는 개별학생의 응답 결과를 보여준다.

[응답]의 '요약' 메뉴에서는 평균, 중앙값, 범위에 대한 통계값을 제공한다. 많은 학생이 틀린 문제는 '자주 놓치는 질문'으로 제시하여 정답을 맞힌 학생들의 숫자도 제공

〈응답의 '개별' 메뉴 내용〉

한다. 문항별 정답률, 오답률을 확인하며 오답 내용까지 알려준다.

[응답]의 '질문' 메뉴에서는 질문별로 정답 및 오답자 수와 오답 내용까지 보여준다.

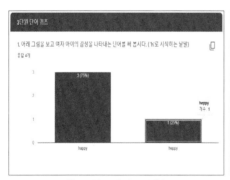

〈응답의 '요약' 메뉴 내용〉

〈응답의 '질문' 메뉴 내용〉

11. 나도 콘텐츠 크리에이터! Flipgrid

언어기능	말하기
활동 형태	개별 활동
준비물	(교사/학생) 태블릿PC 또는 스마트폰
활용 방법	의견 발표하기

초등학생이 선호하는 직업군 중 5위가 유튜브 크레이터라고 합니다. 그만큼 요즘 아이들은 영상물에 익숙하고 영상을 통해 자신을 표현하고자 하는 욕구가 강하다고 할 수 있습니다. 또한 미래 핵심 역량 중에 의사소통능력이 포함되어 있듯이 미래 살아갈 우리 아이들에게는 자신의 생각을 말이나 글로 표현하는 것이 중요합니다. 이러한 점에서 볼 때 플립그리드(Flipgrid)는 적합한 협력 학습 도구라 생각됩니다.

플립그리드는 선생님이 주제를 정해 방을 만들고, 그 방에 학생들을 초대하면 학생들이 주제에 맞게 영상을 찍어 올리는 무료 교육용 앱입니다. 쉽게 만들어 올릴 수 있고 친구들이 동영상을 보고 댓글을 달며 생각을 공유할 수 있어 코로나19와 같은 상황에서 교사들과 학생들 간에 소통의 도구로 활용할 수 있습니다. 그럼, 영어 교실 속에서 플립그리드를 어떻게 활용할 수 있을지 살펴보도록 합시다.

1. 플립그리드 로그인하기

[교사]

구글에서 플립그리드를 찾아 들어가 오른쪽 위에 Educator sign up 아이콘을 누르면 구글 아이디 또는 마이크로소프트 아이디로 회원가입이 가능하다.

2. Topic 또는 Group 생성하기

[교사]

가. Topic 생성하기(Create a Topic)

교사가 Add Topic 버튼을 눌러 Topic을 만들고 학생을 등록시킨다. 이때 이메일이 없는 학생들에게는 학생 반 번호를 이용하여 Student Username으로 등록할 것을 추천한다. 또한 영상 등록 마감 기간 설정 및 다양한 선택 기능이 있는데 이것들은 교실 상황에 따라 교사가 적절히 선택하면 된다.

나. Group 생성하기(Create a Group)

그룹(Group)은 학급방을 만들거나 토픽(Topic)을 하나의 주제로 묶고 싶을 때 사용할 수 있다. 토픽은 매번 학생들을 등록해야 하는 반면 그룹은 학생들을 한 번만 등록해 두면 되고 다양한 토픽들을 그룹 안에 넣을 수 있다는 장점이 있다.

3. Topic 부가 기능

[교사]

- Topic Status: 영상을 활성화 또는 비활성화할 수 있는 기능, 날짜 설정 기능
- Topic Features: 영상이 등록되면 안내해주는 기능, 영상을 다운하고 공유하는 기능
- Video Features: 영상과 셀피 탑재 여부 선택, 영상 편집 기능, 영상에 대한 댓글 작성 기능, 외부 자료 연결 기능, 영상 뷰어 수 및 좋아요 기능, 메모장 기능

4. 플립그리드에 참여하기

[학생]

가. 카메라가 달린 태블릿 패드나 스마트폰 준비

나. 플립그리드 앱을 설치하고 선생님이 안내해 준 QR코드나 Join Code 입력

다. 개인 Username을 입력하고 교사가 만들어 놓은 Topic 방에 입장

라. 주제에 어울리는 영상을 찍고, selfie(표지 사진) 찍으면 영상 탑재 완료

마. 친구의 영상에 코멘트(Comments)를 쓸 때도 영상으로 올림

| Topic 첫 화면 | 학생 영상 |

5. 학생 영상에 대한 교사의 피드백 활동

교사가 학생들 영상에 대해 코멘트를 쓸 때 영상 또는 글로 입력할 수 있다. 또한 평가 기준을 사전에 알려주고 기준에 따라 영상에 대한 평가를 숫자로 입력하여 안내할 수도 있다. 뿐만 아니라 교사가 학생 영상을 반 친구들에게 추천하고 싶을 땐 영상 앞에 핀(pin)을 누르면 추천 학생 영상이 맨 앞으로 이동하게 된다.

 바로 쓰는 꿀팁!

- 학생 댓글은 칭찬 2개를 먼저 쓰고, 제안 1개를 쓰도록 안내할 수 있습니다.
- 영어동화책 읽기 및 소개하기, 영어 단어 퀴즈 만들기, Show and Tell, 인형을 이용해 역활극 만들기, Interview 활동, Survey 활동, 영상 단어장 만들기 등을 할 수 있습니다.

12. 말하는 캐릭터, Voki

언어기능	읽기/쓰기/듣기/말하기
활동 형태	개인 및 모둠활동
준비물	컴퓨터나 태블릿, 헤드폰, 모바일폰
활용 방법	읽기 후 후속활동

"수업 자료제작이나 아이들에게 제공하기 좋은 프로그램을 직접 조작하면서 강의를 들어서 좋았습니다."

2020년 여름 초등영어교사연수 보키 활용방법 강의에 대한 선생님들의 강평입니다. 교사들의 관심과 참여가 아주 높았습니다. AI를 기반으로 한 활동도 아닌데 왜 선생님들의 반응이 좋았을까요? Voki는 조작이 간편하고 영어 수준에 상관없이 흥미와 재미를 느낄 수 있는 프로그램이기 때문입니다. 아이들의 즐거운 영어학습과 선생님의 수업기술을 향상시키는 Voki 사이트를 소개합니다.

Voki는(www.voki.com) 클라우드를 기반으로 교실을 관리하고 수업자료를 제공하는 교육관련 사이트입니다. 이 사이트의 특징은 움직이며 말하는 캐릭터를 활용하여 교육 활동을 지원한다는 것입니다. 수업자료제작(present), 교실관리(classroom), 대화 및 토론 게시판(hangout) 등을 제공하고 있습니다. 여러 기능 중 무료로 아이들과 수업 중 활용할 수 있는 만들기(creator) 기능을 알아보겠습니다.

Voki의 만들기(creator)는 사용자가 캐릭터를 만들어 캐릭터가 말을 하도록 지원합니다. 아바타를 만든 후 녹음기능과 텍스트 상자를 통해 대사를 넣으면 아바타가 대사를 음성으로 표현합니다. 녹음기능을 이용해 말하기·듣기 연습을, 텍스트 상자를 이용해 쓰기·읽기 연습을 함으로써 언어 4영역을 골고루 발달시킬 수 있습니다.

아바타에게 말하게 함으로써 감정적 여과(affective filter) 벽을 낮춰 자신감이 낮은 아이도 즐겁게 영어학습을 할 수 있으며, 수준이 높은 아이에게는 영어학습이 지루하지 않고 재미와 성취감을 느끼도록 해줍니다. 250여 종의 캐릭터로 다양한 모습의 조합이 가능해 아바타를 만드는 것만으로도 재미와 흥미를 느낄 수 있습니다.

 이렇게 활용해요!

1. 컴퓨터나 모바일에서 Voki 사이트로 들어간다. (https://www.voki.com/)

인터넷 화면   모바일폰 화면

2. Creator 아래 **IT'S FREE** 버튼을 클릭한다.

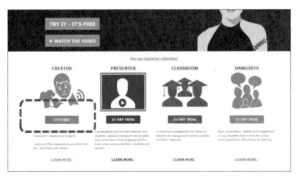 

인터넷 화면   모바일폰 화면

3. 을 선택해 원하는 캐릭터를 선택한다.

-처음에는 랜덤으로 캐릭터나 배경이 설정된 상태로 보인다.

4. 아이콘을 선택해 캐릭터의 액세서리를 선택한다.

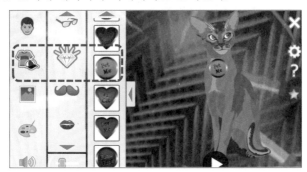

5. 아이콘을 선택해 원하는 배경으로 바꾼다.

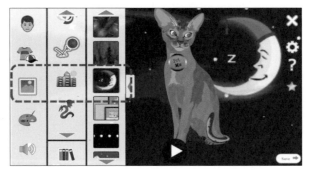

5. 아이콘을 선택해 문장 입력 또는 음성 녹음 화면으로 들어간다.

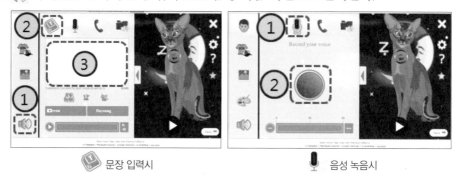

문장 입력시   음성 녹음시

6. 한국어로 입력하려면 언어(Korean)를 선택하고, 에서 성별이나 억양을 선택한다.

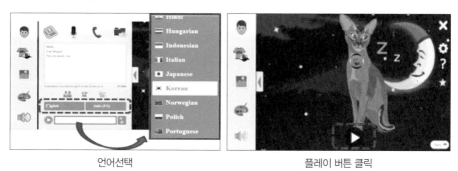

언어선택   플레이 버튼 클릭

※ 언어를 한국어로 선택하면 문장도 한국어로 입력해야 한국어 음성이 지원된다. 영어나 다른 외국어도 마찬가지이다.

바로 쓰는 꿀팁!

- 주 학습 활동의 후속 활동으로 자신의 생각을 Voki로 표현하고 함께 공유할 수 있습니다.
  - 듣기 활동 후 기억에 남는 표현을 캐릭터의 음성으로 표현하기.

- 읽기 후 활동(줄거리, 이어질 내용, 편지, 전화, 뒷부분 바꾸기 등)을 캐릭터로 만들기.
- 영어뿐만 아니라 다른 과목의 과제활동으로 활용해도 좋습니다.
- 학생들이 만든 캐릭터를 다음 차시 도입에서 복습활동으로 활용할 수 있습니다.
- 남녀노소 및 로봇 음성과 나라별 영어 발음이 지원되니 학생들이 다양한 억양을 듣도록 활용해보세요.
  - 핵심표현을 다양한 나라의 음성으로 제시하기.
  - 성별, 나라별 억양 따라 말하기.
  - 듣고 어느 나라 억양인지 추측하기.

제2장

영어 학습활동에
활용하기

01. 스스로 해봐요! 네이버 영어 사전 앱으로 단어 읽기

언어기능	읽기
활동 형태	개인 및 모둠 활동
준비물	(교사/학생) 태블릿PC 또는 스마트폰
활용 방법	단어 듣고 따라 읽기

영어 단어를 잘 익히기 위해서는 영어 단어를 여러 번 정확하게 읽어 보는 것이 필요합니다. 영어시간에도 전체 학생들이 함께 영어 단어를 듣고 따라 읽는 활동을 자주 합니다. 하지만 다인수 학급에서는 교사가 영어수업 시간 내에 학생 개인이 단어를 정확하게 읽었는지를 확인하고 피드백을 제공하는 데 많은 시간이 걸립니다. 네이버 사전 앱은 이러한 어려움을 해결하고 반 전체 학생들의 읽기 정확도를 한꺼번에 파악할 수 있습니다.

네이버 사전 앱에서 영어 사전 메뉴는 검색한 영어 단어에 대해서 따라하기 기능을 제공하고 있습니다. 이 기능을 활용하여 영어 단어를 듣고 그 단어의 인토네이션 (Intonation, 억양)을 보면서 여러 번 듣고 따라 읽을 수 있습니다. 특히 영어를 어렵게 느끼는 학생들은 자신이 읽은 단어의 인토네이션을 시각적으로 보면서 영어 단어 읽기에 도움을 받을 수 있습니다. 이 앱에서는 단어 읽기의 정확성에 대한 점수를 즉각적으로 제공하기 때문에 학생들은 점수를 높이고 싶은 마음에 단어를 스스로 여러 번 읽게 됩니다.

1. 스피커 모양의 이미지(Speak) 를 클릭한다.

2. 스피커 버튼 클릭하여 단어가 가진 소리의 높낮이를 보면서 따라 읽는다.

3. 단어를 따라 읽으면 목소리의 높낮이가 표시되어 나타난다.

4. 단어를 읽었을 때 단어의 억양 과 비교하여 발음의 정확성을 분석 해 준다.

- 교실에서 영어 단어 읽기 목표 점수를 정합니다. 개인별로 네이버 사전 앱을 이용하여 영어 단어를 읽으면서 이 목표 점수에 도달할 수 있도록 격려합니다.
- 영어 단어 읽기 보드게임 미션으로 네이버 사전 앱을 사용해서 '단어 2번 읽어서 80점 이상 도달하기'를 활용합니다.
- 영어에 부진한 학생을 지도할 때 영어 단어를 스스로 읽고 공부할 수 있는 학습 도구로 활용합니다.
- 온라인 수업 시 학생들의 영어 단어 읽기 과제 해결을 위한 도구로 활용합니다.
- 가정에서는 네이버 사전 앱의 '따라 말하기' 기능과 함께 '영어 단어장' 기능을 활용하면 좋습니다.

02. 구글 음성인식 활용 발음 검색

언어기능	말하기 듣기
활동 형태	개인 활동
준비물	스마트 기기
활용 방법	발음

영어는 단어만 보고 실제 어떻게 발음이 되는지 알기 어렵습니다. 정확한 발음 연습을 하기 위한 방법으로 구글 음성인식을 활용하는 것이 있습니다. 이 방법은 자신이 정확하게 알고 싶은 단어의 발음을 실제로 말해보고 연습할 수 있습니다. 학생들에게 이 방법을 활용하여 정확한 발음을 연습할 수 있도록 지도하는 것도 유용하지만 교사들에게도 좋은 영어공부 방법이 될 것입니다. 생각보다 발음 연습이 무척 많이 된답니다. 왜냐구요? 실제 한번 해보시길 꼭 추천합니다. 그럼 활용 방법을 알아볼까요?

먼저 구글 창의 음성인식을 누르고 음성인식으로 단어를 검색하는 방법이 있고 단어의 철자를 쓰고 음성인식을 누르는 방법이 있습니다. 자신이 필요한 방법으로 선택하시기 바랍니다.

검색창 오른쪽의 음성인식을 누르면 다음 그림처럼 '말하세요' 화면이 뜹니다.

그리고 곧이어서 '듣는 중'이라는 화면이 뜹니다. 이때 찾고자 하는 단어를 말합니다.

그 단어의 발음을 정확히 인식되어야 발음과 함께 그 뜻이 음성으로 제시됩니다.

발음이 정확하지 않으면 다음과 같이 '인식하지 못했습니다. 다시 시도하세요' 화면 이 뜨거나 엉뚱한 단어가 검색됩니다. 구글 음성인식은 인공지능이 인식하므로 발음 이 정확할 때까지 반복해서 입력해야 합니다. 이 입력 과정에서 발음 공부가 많이 됩 니다.

마침내 정확하게 인식하면 찾고자 하는 단어가 다음과 같이 나타납니다. 단어는 미국식 발음과 영국식 발음으로 확인할 수 있습니다.

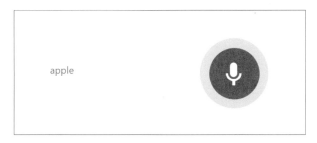

다음으로 구글 검색창에 'how to prounce apple'이라고 입력하면 다음과 같이 미국식 발음과 영국식 발음으로 확인할 수 있습니다.

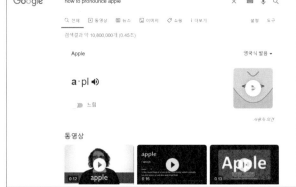

이처럼 구글 음성인식을 활용하면 영어 발음 학습 어렵지 않겠죠?

3. 영어 자신감 뿜뿜! Papago

"선생님, 질문 있어요?" "선생님, 이럴 땐 어떻게 표현해야 돼요?" 아이들은 끊임없이 질문하며 교사의 도움을 필요로 합니다. 소인수 학급에서는 도움을 줄 수 있지만 다인수 학급에서는 모든 학생의 질문에 교사가 적절히 답해주기가 어렵습니다. 하지만 이러한 적극적인 학생들은 교사가 힘들지만 어떻게든 다가가서 도움을 줄 수 있어 오히려 낫습니다. 소극적인 학생들은 자신이 궁금한 점이 있다고 하더라도 먼저 나서서 교사에게 질문하지 않습니다. 소극적인 학생들은 '멍청한 질문한다고 친구들이 놀리거나 무시하면 어떡하지…'라는 고민이 앞서기 때문이지요. 그래서 조용한 방관자가 되어 적극적으로 모둠 활동에 참여하지 않고 수업이 끝나기를 기다립니다. 또는 선생님이 나를 지목하여 시키지 않기를 마음속으로 기도하고 있을지도 모릅니다.

이러한 점에서 파파고(Papago)는 적극적인 학생들뿐만 아니라 소극적인 학생들에게 좋은 영어수업 튜터가 될 수 있습니다. 창피해서 물어보지 못한 것을 파파고에서 찾아보고 발음도 따라 연습해 보며 이 학생들은 점차 영어에 대한 자신감을 키워갈 것입니다.

그럼, 파파고는 과연 무엇일까요? 앵무새가 아이콘인 파파고는 에스페란토어로 앵무새라는 뜻을 가지고 있습니다. 실제로 파파고는 AI 앵무새처럼 인간의 말을 정확히 인식하고 영어, 일본어, 중국어를 포함한 13개의 언어로 번역할 수 있습니다. 또한 이 파파고는 텍스트나 음성뿐만 아니라 사진 속 문자까지 통 번역이 가능하고 다른 번역기와는 달리 인공신경망(Artificial Neural Network) 기반의 번역이 도입되면서 맥락에 맞는 번역이 가능합니다.

그동안 학생들의 수준차가 커 수업 목표 달성의 어려움을 겪으셨나요? 혹은 다인 수 학습의 한계 때문에 영어수업에 회의적이셨나요? 그렇다면 파파고는 여러분의 영어수업에 활기를 불어넣어 주고 학생들에게 자신감을 키워주는 좋은 학습 도구가 될 수 있습니다. 그럼, 파파고를 어떻게 사용하면 좋을지 살펴보도록 합시다.

 이렇게 활동해요!

1. Papago 앱을 검색 후 다운받기

구글 플레이스토어에서 파파고 앱을 무료로 다운받는다. 번역 품질 개선 동의 또는 거부를 선택 후 시작할 수 있다.

2. 번역 방식 선택

첫 화면 위쪽에 번역할 언어를 선택한 후 하단에 3가지 번역 방식(음성, 대화, 이미지) 중 하나를 선택한다. 음성 번역 방식은 번역할 언어를 선택한 후 마이크 아이콘을 누르면 번역이 된다. 역할놀이 시간에 학생들이 새로운 표현을 찾고 싶을 때 손쉽게 사

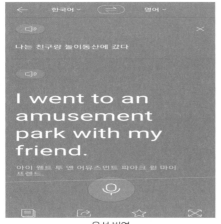

음성 번역

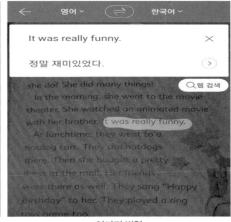

이미지 번역

용할 수 있는 기능이라 하겠다. 이미지 번역 방식은 번역할 부분을 사진으로 찍으면 화면이 음영으로 변한다. 번역을 원하는 부분을 손가락으로 밀면 그 부분만 번역이 된다. 이 기능은 혼자서 글을 읽어야 하는 상황에서 학생이 활용해 볼 수 있겠다. 특히 이미지 번역 방식은 웹 검색을 통해 언어가 사용되는 자연스러운 상황 또한 찾아볼 수 있어 표현을 이해하는 데 도움을 준다. 대화 번역 방식은 언어를 익혀야 하는 학생들에게 대화 방식은 적합하지 않아 언급하지 않겠다.

 바로 쓰는 꿀팁!

- 왼쪽 위에 삼선을 누르면 다양한 메뉴가 나옵니다. 그중에서 번역 기록을 누르면 그동안 번역했던 문장들이 기록되어 있습니다. 번역한 문장을 읽어보고 복습한 후 꼭 기억해야 할 문장은 별표를 눌러 즐겨찾기 목록으로 옮겨 놓을 수 있습니다.
- 수업시간에 익힌 영어 표현을 발음해 보고 파파고가 정확히 인식하고 번역하는지 살펴보며 자신의 발음을 점검하는 기능으로도 활용할 수 있습니다.

04. 읽기의 기초를 다지는 Phonics 학습 자료

파닉스(Phonics)는 초보자들이 철자와 철자가 가지고 있는 소리를 연결시켜 둘 사이에 존재하는 규칙을 학습하게 함으로써 스스로 단어를 읽고 발음할 수 있도록 가르치는 방법입니다. 특히 영어를 처음 배우는 3, 4학년 학생들에게 발음에 대한 일반적인 규칙을 터득할 수 있게 돕는 효과적인 교수법입니다. 이러한 파닉스 교수법을 통해 학생들은 정확한 음을 듣고 말하게 됨으로써 청각 식별능력 및 구두 식별능력을 기르게 되고, 스스로 영어 단어를 읽을 수 있다는 사실에 대한 자신감과 학습 동기를 가질 수 있습니다. 아래의 사이트들은 파닉스 관련 사이트들로 학생들의 수준에 따라 취사선택하여 활용할 수 있습니다. 각각의 사이트는 무료 또는 유료로 운영되는 부분이 있으며 파닉스 자료 외에도 다양한 학습 자료가 탑재되어 있으니 구석구석에 숨겨진 보물을 찾아 활용하시기 바랍니다.

1. 파닉스부터 스토리북까지 Starfall.com

https://www.starfall.com

파닉스 및 읽기 자료가 탑재되어 있는 사이트입니다. 회원가입을 하지 않아도 볼 수 있는 좋은 자료들이 충분히 있습니다(유료 회원가입 후 볼 수 있는 자료는 회색으로 비활성화).

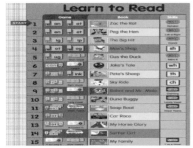

https://www.starfall.com

이 사이트에서 특히 눈여겨보아야 할 부분은 화면 중앙의 'Learn to Read'입니다.

'Learn to Read'를 클릭하면 세 개의 열이 보입니다. 먼저 왼쪽 열의 'Game'을 통해 반복되는 어미(rhyme) 또는 어두(onset)를 알고 이와 관련된 다양한 어휘를 음성, 그림과 함께 익힐 수 있습니다. 가운데 열의 'Book' 읽기 자료는 앞서 Game을 통해 배운 어휘들을 유의미한 맥락 속에서 상기할 수 있어 학생들이 이해를 확장하고 기억하는 데 유익한 듣기, 읽기 자료가 될 것입니다. 총 15개 행이 있어 15주 교육프로그램으로 계획하여 운영해도 좋을 것 같습니다.

I'm reading, Talking library 탭에서는 더욱 높은 수준의 읽기 책을 듣고, 볼 수 있으며, 그 외 게임 형식의 수학 학습 자료, Tongue Twister 등의 자료도 이용할 수 있습니다.

2. 파닉스 학습지와 듣기 자료를 제공하는 kizphonics.com

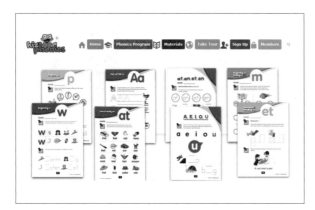

https://kizphonics.com

따로 회원가입을 하지 않고도 학습지 출력이 일부 가능하며 학습지 해결을 위한 듣기 자료(Listening Materials for Worksheets)도 함께 제공합니다. 관련 영상, 게임, 노래, 이야기 등 다채로운 학습 자료를 제공하며 교사를 위한 Lesson plan 또한 참고할 수 있습니다. 3세부터 8세까지 수준별로 프로그램을 구분해 놓아 학생들의 수준에 따라 활용하기 용이합니다. 아이폰과 아이패드를 활용하는 경우 앱스토어(App store)에서 프로그램을 다운받아 활용 가능하며 역시 무료 버전과 유료 버전이 있습니다.

3. 무료 파닉스 북 만들기! themeausredmom.com

https://www.
themeasuredmom.com/
print-2/

이 사이트는 먼저 간단한 회원가입 절차가 필요합니다. 이메일과 성을 입력하고 Free Printables 탭을 클릭하면 500가지 이상의 다양한 파일을 볼 수 있습니다. 파일을 클릭하면 메일로 도안을 보내주고 이를 출력하여 활용합니다. 알파벳 음소의 기본부터 심화 단계의 학습지 및 파닉스 북, 기초 수학 능력과 관련된 학습지도 다운로드 받

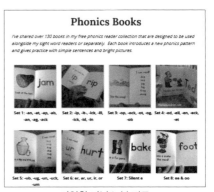

다양한 파닉스 북 자료

을 수 있으니 가히 학습지의 천국이라 할 만합니다.

4. 플래시카드는 여기에서 출력해! mes-english.com

이곳은 플래시카드, 워크시트 및 유인물, 파닉스워크시트, 교실게임, 프로젝트 및 기타 모든 활동에 관한 자료를 회원가입 없이 무료로 인쇄할 수 있는 사이트입니다.

플래시카드는 어린 학습자를 지도하는 데 필요한 100개 이상의 세트가 있습니다. 세트에는 플래시카드, 게임카드, 교사를 위한 파워포인트 프레젠테이션, 빙고 카드, 유인물이 있어 학생뿐만 아니라 교사에게 필요한 자료도 제공되어 활동 준비에 매우 유용합니다.

https://www.mes-english.com/

2020년에 새롭게 제공하는 '온라인 플래시카드'를 살펴보면 카드를 인쇄할 필요 없이 태블릿, 스마트 보드, 노트북 컴퓨터 또는 휴대폰에서 활용할 수 있습니다. 각 세트는 화면 가운데에 큰 플래시카드를 표시하고 카드를 클릭하면 해당 어휘의 발음을 들을 수 있습니다. 왼쪽 위 메뉴에서는 소리 on/off, 텍스트 on/off, 카드 순서 섞기, 어휘 게임을 선택할 수 있습니다.

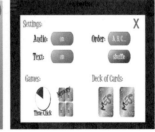

〈online flashcards〉

파닉스 탭에는 파닉스 교육과정을 진행하는 데 필요한 파닉스 워크시트, 포스터, 소개용 플래시카드, 컬러링시트, 게임카드, 유인물, 워크시트 등이 있습니다. 플래시카드 세트 구성처럼 파닉스 지도에 필요한 교사용 플래시카드와 학생용 유인물, 카드 자료 등을 함께 제공하여 수업을 준비하는 교사의 수고로움을 덜어줄 수 있을 것입니다.

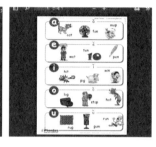

〈플래시 카드와 유인물〉

5. 프린트에 다운로드까지! kizclub.com

이곳은 무료로 운영되는 사이트로 워크시트, 플래시카드, 스토리패턴 등 실질적인 다양한 학습 자료를 제공합니다. 회원가입 없이 이용 가능하며 원하는 자료를 다운로드 및 인쇄할 수 있습니다.

이 사이트는 8개 영역 ABC's, phonics, topics, stories&props, rhymes&songs, crafts, flashcards, teaching extras로 구성되어 있습니다. 구성 영역을 보면 알 수 있듯이 알파벳부터 파닉스, 다양한 주제와 관련된 영어학습 자료, 동화 및 노래, 여러 유형의 만들기 활동 자료, 플래시카드까지! 영어를 처음 시작하는 학생들을 포함해 학생 수준에 맞는 다양한 활동에 필요한 자료들을 구할 수 있습니다.

phonics 탭을 살펴보면 다시 다양한 파닉스 활동(철자 타일, 차트, 퍼즐, 미니북 등), 자음, 모음, 이중철자, 운율, 사이트 워드와 문법으로 세분되어 있습니다. 사이트 워드와 문법 부분은 학습자 수준에 따른 자료들을 제시하고 있어 영어수업준비에 어려움을 느끼는 교사들에게 매우 유용한 사이트일 것입니다.

자료들은 꾸준히 업데이트되며 흑백, 컬러로 선택해 무료 인쇄, 심지어 다운로드까지 가능합니다. 유료 사이트들이 많아지는 요즘 이 사이트의 매우 매력적인 장점이라 할 수 있겠습니다.

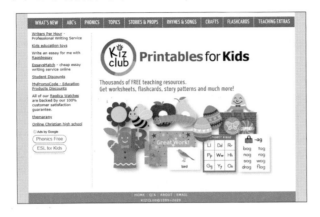

https://www.kizclub.com

〈PHONICS〉
Phonics Activities

Consonants

Sight Words&Grammar

6. 영상으로 학습해요! EBSe

http://www.ebse.co.kr

한국교육방송공사가 운영하는 우리나라 대표적인 영어교육 채널로, 회원가입을 통해 선별된 우수 교육 콘텐츠를 무료로 이용할 수 있습니다. 미취학 아동부터 성인까지 학습자 수준에 따라 다양한 학습 콘텐츠가 있으며 각각 체계적으로 구성된 교육과정으로 자기 주도적 학습도 가능합니다.

05. 영단어 암기는 학습세트! Quizlet

여러분은 영어 단어를 암기하기 위해서 어떠한 노력을 하셨나요? 아마도 수많은 방법을 동원하여 영어 단어를 외우기 위해 끊임없이 노력하셨을 것입니다. 필자는 중학교 시절 손등에 영어 단어를 쓰거나 종이에 새까맣게 깜지를 썼던 기억이 납니다. 하지만 그러한 노력에도 단지 시험을 위해 억지로 외웠기 때문에 시험을 보고 난 후엔 단어들이 머릿속에 많이 남아 있지 않았습니다.

종이보다는 컴퓨터 화면이, 연필보다는 화면 터치가 더욱 자연스러운 요즘 학생들에게 전통적인 암기 방법은 한계가 있다고 봅니다. 앤드류 서덜랜드(Andrew Suther-land)는 효과적인 암기를 위해 2005년 퀴즐렛(Quizlet)이라는 학습도구를 만듭니다. 그리고 이를 친구들과 공유했고, 모두 좋은 성적을 거두었습니다.

퀴즐렛은 학습자의 학습 속도에 따라 학습 동기를 부여하고 추가 연습할 수 있도록 프로그래밍 되어있는 앱입니다. 퀴즐렛에는 Flash card, Gravity, Learn, Long-Term Learning, Speller, Match 학습 모드가 있습니다. 퀴즐렛은 학생 스스로가 세트를 만들어 학습할 수도 있지만 교사가 세트를 만들고 학생에게 제공하고 관리할 수도 있습니다. 그럼, 교사 입장에서 퀴즐렛을 수업시간에 활용하는 방법을 소개하겠습니다.

1. 퀴즐렛 로그인하기(교사)

크롬에서 퀴즐렛 www.quizlet.com을 주소창에 입력 후 접속한다. 또는 핸드폰에서 Quizlet앱을 다운받아서 사용할 수 있다. 구글 계정, 또는 이메일로 따로 가입 없이 로그인이 가능하다.

2. 학습 세트 만들기

PC 화면 윗쪽에 만들기 버튼을 누르거나 핸드폰 하단에 더하기 아이콘을 클릭하면 학습 세트 만들기를 만들 수 있다. 제목을 입력하고 단어의 철자, 뜻을 입력하면 학습 세트가 완성된다. 유료 가입을 하면 단어 이미지 추가와 다이어그램 추가가 가능해진다. 다이어그램은 그림 안에 들어있는 다양한 단어나 문장들을 익히는 데 유용하다. 특히 집의 구조나 물건의 위치를 익힐 때 유용하게 사용된다.

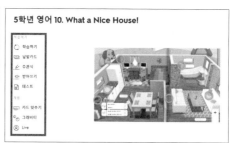

단어 철자와 뜻 입력하기   다양한 학습기능

단어를 모두 입력한 후 공개 여부 및 수정 권한을 설정하고 만들기 버튼을 누르면 학습 세트가 완성된다. 만든 학습 세트는 학생 이메일로 보낼 수 있고 링크를 복사하여 제공해 줄 수 있으며 구글 클래스룸 및 Remind로 공유가 가능하다.

3. 퀴즐렛 라이브

퀴즐렛 라이브는 학생들끼리 협업을 하며 게임을 할 수 있는 무료 프로그램으로 퀴즐렛과 연동되어 있다. 6개 이상의 단어가 있는 학습 세트는 좌측 하단에 퀴즐렛 라이브(Live) 아이콘이 보인다. 이 아이콘을 누르면 게임 만들기가 시작된다. 학생은 교사가 설정해 놓은 코드를 입력하거나 코드를 스캔하는 방법으로 게임방에 입장한다. 개별 플레이도 가능하나 팀플레이를 할 경우 무작위로 팀을 결정할 수도 있고 교사 임의대로 결정할 수도 있다. 팀원 중 한 명에게만 정답이 보이는 형식으로 구성되어 있어 팀원의 협력이 필수적이다. 팀원이 문제를 틀릴 경우 0점에서 다시 시작해야 하므로 팀원과 협업하여 문제를 정확히 풀어야 한다.

〈 게임 만드는 방법 〉

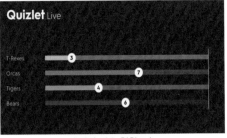

〈 팀별 점수 현황표 〉

4. 학습 세트 학습하기

교사가 만들어 놓은 학습 세트를 학습하려면 세트 이름이나 클래스 이름으로 찾기가 가능하다. 교사가 학습 세트 사용 권한에서 전체 공개를 설정해 놓으면 전 세계 모든 학습자가 학습 세트를 이용해 학습할 수 있다. 하지만 특정 클래스로 설정해 두면 학생이 클래스 참가 요청을 하고 교사가 수락해주어야 입장이 가능하게 된다. 학생들은 학습하기, 낱말카드, 주관식, 카드 맞추기, 테스트와 같은 다양한 기능을 이용하여 학습한다. 이러한 학생들의 학습 활동 결과는 교사가 바로 확인이 가능하다.

〈학습하기: 틀린 문제 힌트〉

〈카드 게임 활동〉

 바로 쓰는 꿀팁!

- 학습 세트를 교사 대신 학생들이 만들어 반 친구들과 공유하게 하면 학생들이 활동에 좀 더 의미를 가지고 적극 참여하게 되고, 학습 세트를 만들며 학습이 되는 효과도 누려볼 수 있습니다.
- 단어 띄어쓰기, 대소문자까지도 정확히 기입하지 않을 경우 답이 틀렸다고 나올 수 있기 때문에 교사는 가능하면 사전에 이러한 부분을 학생들과 논의하여 문제를 만드는 기준을 사전에 세울 필요가 있습니다.
- 굳이 학습 세트를 만들지 않아도 학습 세트 찾기를 통해 전 세계 학습자 및 교사들이 만들어 놓은 좋은 자료들을 적극 활용해 볼 수도 있습니다.

06. 두 살부터 초등 저학년까지 Khan Academy Kids

아기자기한 만화 같은 캐릭터들이 등장해서 나에게 영어동화, 노래도 들려주고 심지어 수학까지 알려준다면 정말 신날 것입니다. 문제를 맞히면 고맙게도 선물을 골라 가지라고도 한답니다. 칸 아카데미 키즈는 두 살부터 미국 초등 1학년까지를 대상으로 하고 있으며 우리나라 학생으로 보면 초등 저학년까지 이용할 수 있는 영어교육 앱입니다. 웹으로는 이용이 불가하고 스마트폰이나 태블릿에서 어플을 다운받아 이용할 수 있습니다.

칸 아카데미는 세계적 수준의 교육을 무료로 누구에게나 어디에서든지 제공한다는 미션을 가진 비영리단체이며 칸 아카데미 키즈 또한 이러한 목적에 맞게 무료로 사용할 수 있습니다. 책도 읽어주고 노래에 게임을 통한 영어학습이 모두 무료일 뿐 아니라 유료 앱에 버금가게 내용도 충실해서 여러 장점이 많습니다. 그 장점 중 하나가 내셔널지오그래픽의 그림과 함께 배우는 논픽션 책을 보유하고 있다는 것입니다. 예쁜 캐릭터가 나와 함께 하나하나 함께 공부하면서 내가 공부하는지 놀고 있는지 모를 정도로 재미있는 아카데미 키즈 앱을 만나보겠습니다.

 이렇게 활동해요!

1. 칸 아카데미 키즈 앱 다운받기
플레이스토어에서 앱을 다운받고, 회원가입을 한다.

출처 Khan Academy Kids

2. 이메일 주소 입력하고 인증받기

이메일 주소를 입력하고 Next 버튼을 누르면 입력한 이메일로 인증 메시지가 도착한다.

메시지를 확인한 후 Verify email 버튼을 누른다.

인증 절차가 마무리되고 자녀나 학생의 이름과 나이를 설정한다.

출처 Khan Academy Kids

3. 아이 이름과 나이 설정하기

학생이나 자녀 이름을 입력하고 나이를 설정한다.

아이가 원하는 캐릭터를 골라 지정하면 설정이 완료된다.

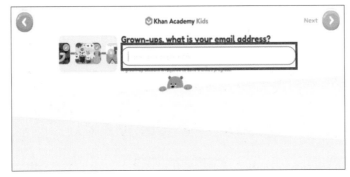

출처 Khan Academy Kids

4. 활용하기

맨 왼쪽 위 책 모양의 아이콘을 클릭하면 다양한 콘텐츠를 이용하는 화면이 나온다.

출처 Khan Academy Kids

책, 동영상, 색칠하기, 알파벳, 숫자놀이, 책 읽기, 생각하는 문제 다양한 콘텐츠를 만날 수 있다.

출처 Khan Academy Kids

가. Books

감정, 숫자, 캐릭터 관련 책뿐 아니라 읽기 수준에 맞는 책 등 주제가 다양하다. 자연 관찰에 관한 책도 애완동물, 야생동물, 사파리에서 볼 수 있는 동물들과 탈것, 내셔널 지오그래픽 책들도 함께 수록되어 있다.

출처 Khan Academy Kids

나. Video

Super simple song 노래 부르기, 1학년 수학, 파닉스, 도형, 측정하기 등을 영어로 배울 수 있는 비디오 모음이다.

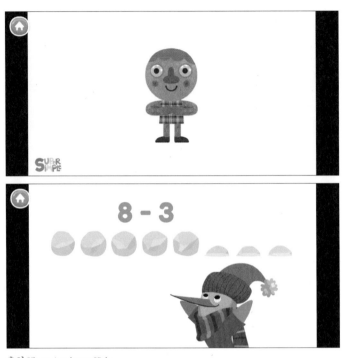

출처 Khan Academy Kids

다. Create

색칠하기 활동인데 아마도 아이들은 이 활동을 가장 재미있어하지 않을까 하는 생각이 들 정도로 다양한 콘텐츠가 준비되어 있다. 주어진 도안을 색칠하거나 그리기 도구로 여러 화면 중 맘에 드는 것을 골라 그려 넣기 등 여러 활동을 할 수 있다.

출처 Khan Academy Kids

라. ABC

대문자, 소문자, 알파벳 따라 그리기, 낱말에 빠진 알파벳 찾기를 할 수 있다.

출처 Khan Academy Kids

마. 123

수 세기, 수 비교하기 등 수학 학습을 할 수 있다.

출처 Khan Academy Kids

바. Reading

단어 익히기, 짧은 이야기 읽기, 이야기 순서 맞추기를 할 수 있다.

출처 Khan Academy Kids

사. Logic

사고력 향상에 도움이 되는 메모리 게임, 크기 비교, 분류하기를 할 수 있다.

출처 Khan Academy Kids

학습을 마치고 난 뒤에는 트럭 그림이 나오면서 원하는 선물을 고르도록 하는데 학습을 마치고 난 뒤 선물을 받는 느낌이어서 아이들이 좋아한다.

출처 Khan Academy Kids

- 칸 아카데미 키즈가 제공하는 앞서 소개한 메뉴를 골라 원하는 공부를 할 수도 있지만, 캐릭터가 안내하는 대로 따라가면서도 학습할 수 있어서 친구와 함께 공부하는 것 같은 재미를 느낄 수 있습니다.

- 프로그램을 스탠포드 교육대학원 소속 연구원들과 칸아카데미가 함께 개발했으며 놀이처럼 즐겁게 배울 수 있는 영어학습으로 만들어 믿음이 더욱 갑니다. 아이의 수준에 맞게 활용한다면 아이의 영어 실력 향상에 도움이 될 거예요.

07. 현직 교사가 만든 스마트한 단어장! Class card

언어기능	듣기, 말하기, 읽기, 쓰기
활동 형태	개별 및 전체활동
준비물	(교사/학생) 태블릿PC 또는 스마트폰
사용 표현	각 단원의 어휘

영어를 가르치면서 학생들에게 가장 중요한 것이 어휘학습이라는 생각이 듭니다. 특히 부진한 학생을 어디서부터 어떻게 지도를 할까? 고민하다 보면 일단 어휘, 단어를 읽고 쓰게 하는 것이 기본이 되어야 한다는 것입니다. 원격수업이 시작되면서 부진 학생이 더욱 많아질 것이 걱정되어 학생들이 스스로 단어나 어휘, 문장을 익힐 수 있는 방법을 찾게 되었습니다.

클래스카드(Class card)는 현직 교사들이 만들어 주는 스마트한 단어장으로 소개되는데, 전국 교사들이 공유한 단어장과 교과서 출판사 공식제공 단어장이 있습니다. 쉽고 간편한 나만의 단어장 만들기 메뉴에서는 단어만 입력하면, 뜻, 발음, 이미지까지 자동 추가됩니다. 만든 단어장을 수업시간이나 과제로 활용하면 학생들이 PC, 스마트폰에서 즐겁게 학습하며 어휘에 노출되고 영어 기초 학습이 이루어지는 유용한 앱입니다.

클래스카드는 무상으로 지원되는 온라인 어휘학습 도구로서 학생들이 자기 주도적으로 어휘학습을 할 수 있도록 '암기(영단어를 보고 뜻 맞추기)', '리콜(복습하기)', '스펠(한글 뜻을 보고 철자 쓰기)'의 3단계 학습활동을 제공합니다. 학습활동 후 한글 뜻과 영어 단어를 연결시키는 '매칭게임'과, 스펠링 연습을 돕는 '크래시게임'을 하며 학생들은 한 번 익힌 어휘들을 반복해서, 재밌는 방법으로 복습하게 됩니다. 학습활동이 끝나면 '스피드퀴즈' 형성평가를 통해 스스로 학습 내용을 점검할 수도 있습니다.

1. 클래스 카드 가입하기

1) 컴퓨터로 가입할 경우: http://www.classcard.net/ 접속 후 가입하기

2) 스마트폰으로 가입할 경우: 앱 장터에서 '클래스카드' 검색 후 프로그램을 설치한다.

3) 개별회원가입 〉학생 〉교사가 준 초대 코드로 가입한다. 가입 시 아이디, 비번 입력 후 반드시 학번/이름으로 설정해야 한다.

   (예시) 3학년 1반 20번 박○○(실명)인 학생은 3120 박○○으로 가입 후 → 교사의 학급 초청 코드(692354)로 등록.

순서	보이는 화면	
1. 세트 구성 - 세트검색 　기존 세트 사용 - 세트 만들기 　내가 만든 세트	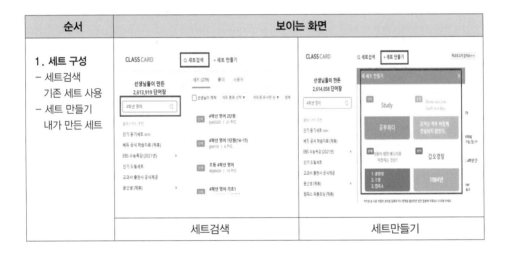	
	세트검색	세트만들기

2. 어휘 학습하기 - 3단계(암기/ 리콜/스펠) 학습 - 암기가 되지 않으면 반복 학습 가능 * 단계별 100% 달성하기			
	암기	리콜	스펠
3. 게임하며 복습하기 - 전구간 복습 옆에 매칭게임(개인) - 메뉴, 아래 퀴즈배틀(단체) * 학급별 최고 득점자에게 작은 상품 증정			
	매칭게임(기록도전)		퀴즈배틀(동시간접속)
4. 테스트 형성평가 - 화면 가장 아래의 '테스트' - 재도전 가능 * 단계별 100% 달성하기			
	테스트 응시 준비	테스트 응시	

5. 리포트			
– 학생의 학습현황 및 테스트 상황 확인 – 피드백 및 결과 통보 가능			
	전체 학습현황	개인별 리포트	성적표 및 카톡 발송

바로 쓰는 꿀팁!

- PC 웹사이트에서 1분 만에 단어장 제작하고 시험지 인쇄까지 할 수 있습니다.
- 학생들이 더 즐거워하는 과학적인 3단계 암기학습이며 현직 선생님들이 만든 200만 개 단어장을 활용할 수 있습니다.
- 문장 스피킹, 연습문제, 리스닝 세트 제작 및 과제부여가 가능하고 학생 성적표, 녹음결과를 카톡으로 편리하게 전송할 수 있습니다.

제3장

온라인 영어동화
활용하기

01. 온라인 영어동화 사이트

성공적인 언어학습을 위해서는 학습자의 동기, 흥미, 자기주도적 학습이 꾸준히 이루어지고 언어입력과 출력, 언어에 노출된 정도 등 영어환경이 매우 중요합니다. 동화를 이용한 영어학습은 재미있는 이야기를 학습 소재로 사용함으로써 영어에 대한 학생들의 흥미와 관심을 높일 수 있으며, 다양한 영어사용 환경을 제공해주므로 학생들이 영어에 대한 두려움에서 벗어나 영어를 친숙하고 자신감 있게 사용하는 데 도움이 됩니다.

학생들이 사실적이고 다양한 언어를 접하고, 주제 중심 통합 수업도 가능한 영어 동화 활용 온라인 영어독서프로그램을 소개하고자 합니다.

온라인 독서프로그램을 활용하는 것은 영어를 자연스럽게 들을 수 없는 환경에서 계획적이고 반복적으로 학생들의 영어에 대한 흥미와 관심, 영어 입력을 끌어올리기 위한 것입니다. 갈수록 다양한 영어동화나 읽기자료를 생생하게 읽어주는 스토리북 사이트를 쉽게 접할 수 있어 활용이 매우 용이합니다. 엄마가 아이에게 영어를 가르쳐주는 것에서부터 초·중·고 학생, 성인에 이르기까지 수준별, 주제별 다양한 영어 책과 활용법을 제시하고 있습니다. 그러나 학생들이 꾸준히 활용하게 하기 위해서는 교사나 부모님의 지도가 필요합니다. 학생들의 독서 이력 관리시스템을 점검 확인해 주거나 수준에 맞는 동화책을 스스로 읽게 한다면 학교에서나 가정에서의 영어 학습에 큰 도움이 될 것입니다.

영어동화 사이트

순	썸네일 / 싸이트 주소	QR코드	내용
1	**I Can Read!** https://home.ebse.co.kr/icanread/		• 도서에 실린 삽화와 텍스트를 통해 연계성을 활용하는 법을 학습한다. • 도서를 3부분으로 나누어 읽기-말하기/읽기-듣기/읽기-쓰기로 분류해 세부적인 학습 활동을 펼친다.
2	**Rocket Girl** https://home.ebse.co.kr/rocketgirl/		• Rocket Girl은 평범해 보이는 8세 소녀 Roxy(록시)가 초능력을 가진 Rocket girl로 변신하여 악당들과 맞서 싸우는 스토리의 애니메이션 영어동화이다. • 귀여운 주인공 캐릭터와 다이내믹한 애니메이션으로 쉽게 흥미를 느낄 수 있다.
3	엄마가 들려주는 동화 https://home.ebse.co.kr/momsbook/		• 엄마가 아이에게 영어동화를 직접 읽어준다. • 학부모에게는 간접적으로 동화를 읽어주는 효과적인 방법을 알려준다. • 유아 및 어린이들에게는 편안하게 영어동화를 보고 들려줄 수 있는 프로그램이다.
4	**Touch** 초등영어펀리딩 https://home.ebse.co.kr/touch_fun/		• 이야기책 요정과 함께 영어동화책을 읽고 독해에 필요한 단어 및 문법 강의를 통해 독해 실력을 향상시키고 원문과 해석판을 제공한다.
5	**Fun Fun 펀리딩** https://home.ebse.co.kr/funfunread/		• 다양한 내용의 책 읽기를 통해 기본적인 소양을 갖추고 영어 능력까지 향상시킬 수 있는 프로그램이다. • 그림 자료와 함께 책을 소개하고 한줄 한줄 해석해가며 어휘학습을 하고 오늘의 표현으로 문장을 만들어본다.
6	**Bitz & Bob** https://home.ebse.co.kr/engbitzandbob/		• 꼬마발명가 비츠와 귀여운 동생 밥. 호기심 많은 밥과 척척박사 비츠의 모험을 따라가다 보면, 과학과 수학의 원리들도 쉽게 이해할 수 있다.

7	**You Tube** https://www.youtube.com/		• 영어동화책 이름을 입력해서 검색하면 많은 동영상을 찾을 수 있으며 영어 노래, 학습, 역할놀이, 게임, 퀴즈 등 모든 영상을 제공받을 수 있다.
8	**Kiz club Printables for Kids** http://www.kizclub.com/stories.htm		• 로그인하지 않고 학습지 출력 가능하고 수천 개의 무료 교육 자료 워크 시트, 플래시 카드, 스토리 패턴 등을 제공받을 수 있다.
9	**Starfall** https://www.starfall.com/h/index-grades123.php		• 이야기 자료와 수학학습 자료가 함께 있는 사이트로서 Starfall의 음성인식, 체계적인 순차 파닉스 및 시청각 상호작용과 함께 일반적인 시각 단어에 대한 강조는 초보 독자를 가르치는 데 효과적이다.
10	**LittleFOX 애니메이션 영어 동화 도서관** https://www.littlefox.co.kr/		• 리틀팍스애니메이션 영어동화 도서관으로서 movie, page by page기능이 있어 주도적 읽기가 가능하고 단어장, 본문, 프린터블 북, 구문 연구를 출력할 수 있어 지도가 용이하다.
11	**MARTHA SPEAKS TRUE STORIES** https://pbskids.org/martha/stories/truestories/		• 마르타의 진실 이야기(과학, 기술, 공학 및 수학) • 마르타 주인공을 중심으로 생활 속의 이야기를 보여주는 친근감 있는 사이트로서 부모와 교사들을 위한 가이드가 상세하게 수록되어 있다.
12	**Sylvanian Families®** https://www.sylvanianfamilies.com/en-au/		• 자연, 가족, 사랑의 세 가지 개념을 바탕으로 아이들은 상상력의 힘을 탐구하고 서로를 돌보고 공유하는 법을 배울 수 있는 이야기가 수록되어 있고 아이들이 중요한 사회적 기술을 습득하는 데 도움이 된다.

13	**OxfordOWL** https://www. oxfordowl.co.uk/		• 자녀가 집에서 읽기, 영어 및 수학을 할 수 있도록 도와주는 팁 및 활동과 함께 영국의 기본 커리큘럼에 대한 정보를 제공한다. • 로그인해서 들어가면 학생들의 연령대별로 수많은 영어, 수학책을 만날 수 있다.
14	**SCHOLASTIC** http://teacher. scholastic.com/ commclub/index.htm		• 초기 학습자들을 위한 듣기 및 읽기 활동은 단어, 이미지 및 소리를 통해 이야기를 전달하고 이러한 온라인 활동은 컴퓨터 또는 태블릿을 사용한 일대일 교육부터 대화형 화이트 보드의 수업, 교육에 이르기까지 다양한 방법으로 사용할 수 있다.
15	Children's Storybooks Online Illustrated children's stories for kids of all ages http://www.magickeys. com/books/		• 유아들은 물론, 어린이와 청소년을 위한 컬러 삽화가 포함된 오리지널 스토리가 있다. • 교육과 오락을 결합하여 상상력을 높일 수 있는 수수께끼, 미로, 색칠하기 등의 코너가 있고, 수상 실적이 있는 어린 이용 링크 페이지가 있다.
16	Storyline Online https://www. storylineonline.net/		• 전 세계 어린이, 부모, 보호자 및 교육자를 위해 하루 24시간 사용할 수 있고 각 책에는 자격을 갖춘 초등 교육자가 개발한 보충 커리큘럼이 포함되어 있으며, 영어 학습자를 위한 이해력과 구두 및 쓰기 능력을 강화하는 것을 목표로 한다.
17	WELCOME CHILDREN'S AUTHOR ARTIE KNAPP http://www.artieknapp. com/		• 아동 문학가 Artie Knapp의 책, 비디오, 이야기 및 시 사이트 • 아이들을 웃게 만드는 것이 읽기에 대한 아이의 흥미를 키울 수 있는 최선의 방법이라고 말하는 작가의 의지가 담겨있는 사이트이다.
18	NORTHPOLE.COM Enjoy these stories in Santa's Secret Village™ http://www.northpole. com/Stories/		• 산타의 비밀 마을의 독창적이고 창의적인 이야기 • 산타에게 보내는 편지를 포함하여 수많은 재미있는 활동으로 아이들의 마음을 사로잡을 수 있는 사이트이다.

19	http://www.lil-fingers.com/index.html		• 다양한 스토리북, 게임, 비디오 수록 • 반대말, 펭귄 파티, 어둠 속의 괴물, 컬러링, 마법의 상자 등 많은 이야기가 수록되어 있다.
20	**Fable Library** https://www.fablevision.com/place/library/index.html		• 모든 연령대에 온라인으로 읽을 책! 갖가지 이야기의 즐거움 및 정독을 위한 겸손한 이야기 모음집이다.
21	Oh, the Places You'll Go! Celebrating the Class of 2020 #ohtheplaces2020 https://www.seussville.com/		• 가상 축하, 인쇄용 디플로마 채색 및 공예 활동 등의 메뉴로 구성되어 있고 상상력이 풍부한 캐릭터와 기발한 이야기는 라이센스 제품과 영화에서 박물관과 테마파크에 이르기까지 모든 Dr. Seuss의 작품들이 수록되어 있다.
22	Beantime Stories http://www.meddybemps.com/5.1.html		• Tippity Witchet의 풍차 집 Beantime Story, 따뜻하고 화창한 오후에는 Tippity Witchet의 풍차 집 문을 두드리는 아이들이 그녀에게 Beantime Story를 들려달라고 요청하는 것을 보게 되는 편안하고 행복한 이야기들이 수록되어 있다.
23	Andersen Fairy Tales Fairy Tales, Games, and Activities http://www.andersenfairytales.com/		• 안데르센 동화 클래식 비디오 동화, 게임 및 활동 • 아동 문학에서 가장 높은 상 중 하나인 안데르센의 작품들이 수록되어 있는데, 그의 이야기는 추방되고 고통받는 사람들에 대한 연민을 보여주고 버릇없고 자만심이 많은 사람을 놀려준다.

24	http://www. grimmfairytales.com/		• 그림 형제의 동화, 게임 및 활동 • 그림 형제는 민속 이야기, 언어 및 독일어와 관련된 모든 것에 대한 전문가로서 일생 동안 독일 신화, 구 독일 이야기, 독일어의 역사, 독일어 사전을 출판했고, 그림 동화에는 왕, 마술, 말하는 동물의 이야기가 포함되어 있고 도덕적 가치와 옳고 그름에 대한 교훈을 가르친다.
25	https://pbskids.org/ retired/lions/		• 라이온스 교사 리소스, 검색창 • 아이들이 독서에 열중하도록 돕는 시리즈인 Between the Lions에서 선정된 부분이고, 이 특별 컬렉션은 초기 초등학교 및 유치원 읽기 능력으로 구성된 조기 읽기 / 언어 예술 자료 세트를 제공한다.
26	http://www.bbc.co.uk/ schools/410.shtml		• 수학, 영어, 과학, 역사, 지리 등의 수업 비디오, 애니메이션, 연습 활동, 퀴즈 및 게임 등이 수록되어 있다.
27	https://ybmfarm. com/elibrary/library/ booksList.do		• 미국 교과서 leveled reader로 구성 • 셀프 레벨 테스트를 통해 자신의 레벨에 맞는 도서를 선택하여 독서를 하고 독서 후에는 해당 도서에 대한 온라인 학습이 진행된다.

02. 온라인 영어동화 활용 수업의 실제

영어동화 이렇게 읽어주세요[*]

많고 많은 사이트 중에 어떤 사이트에서 정말 우리 아이들에게 들려주고 싶고 반응도 좋을 것 같은 영어책들을 찾게 되면 '앗! 바로 이거다!' 하면서 힘이 납니다. 그러나 막상 이 책들을, 이 사이트들을 어떻게 읽어줄까? 고민하게 되지요. '그냥 들려주면 아이들이 이해할까? 반응을 보일까? 한번 쓱 지나가면서 들려주거나 읽어주는 게 학습이 될까? 무슨 활동지를 만들어야 하나?' 좋은 책이나 사이트를 찾은 반가움을 느꼈을 때 또 다른 고민이 바로 따라옵니다.

인터넷 사이트든지 실물 책이든지 목표 언어에 적합한 책을 발견하였을지라도 어떻게 교실에서 가정에서 아이들에게 적용해야 할지 막막할 때 교사가 혼자서 큰 소리로 읽어보면 좋습니다. 그다음에 시범적으로 동화책의 수준에 맞는 학생에게 자연스럽게 읽어줍니다. 실물 책을 그대로 읽어주기에는 학생 수가 많거나 넓은 교실에서는 PPT 자료나 유튜브 영상을 이용하지만 만족스럽지 못할 때가 많습니다. 일단 잘 보이게 천천히, 학생들과 눈을 마주치면서, 학생들의 반응을 보면서 읽어주는 것이 동화학습의 첫걸음입니다. 첫걸음을 내딛을 때에 걸음마를 시작하는 아이처럼 동화를 활용한 영어수업이나 교육에서 아이디어가 생기고 전략을 갖게 되고, 실행되는 것이지요.

그렇다면 이제 어떻게 읽어줄까요?

---

[*] 정정혜(2019) 〈혼자서 원서 읽기가 되는 영어 그림책 공부법〉, 북하우스

1. Read aloud(큰 소리로 책 읽기)

영어수업이나 교육과정에서 영어동화를 교사가 학생들에게 자연스럽게 읽어주는 것입니다. 직접 동화책을 들거나 PPT를 활용하거나 학생들에게 소리 내어 읽어주면서 주인공이 누구인지, 어디에서 어떤 일이 일어나는지 등을 묻고 응답하게 하면서 자연스럽게 읽어줍니다. 책 내용을 그대로 줄줄이 읽어주는 것보다 그림을 보면서 의미를 나누고, 학생들의 경험과 감정을 나누면서 실감 나게 읽어주면서 책 읽는 것을 즐기게 하는 것이 가장 중요합니다. 마치 엄마가 아이에게 한글 동화를 그림과 함께 천천히 읽어주는 것처럼 읽어주는 것입니다.

큰 소리로 책을 읽어주면 아이들은 책이 주는 재미를 알게 되고, 반복하거나 지속적으로 책 읽기가 진행되면서 자연스럽게 글의 흐름을 익히며 이야기 속에 빠질 수 있습니다.

Read aloud는 여러 권의 그림책을 학생의 수나 공간에 따라 ppt나 실물 책으로 읽어주면서 학생들의 선호도를 알아보는 것도 필요합니다. 수업시간에 충분히 활동할 수 있는 의미있는 책을 선택하는 것이 동화 수업의 첫걸음입니다.

문장과 그림이 1:1로 연결되며, 한두 가지 주제를 가지고 있으며, 반복되는 문형이 있는 책을 골라서 읽게 되면 목표 언어를 발화하는 데 유용한 언어자료가 될 것입니다.

2. Shared Reading(함께 책 읽기)

교사와 학생, 학생과 학생이 함께 책을 읽으면서 책의 내용을 이해하고, 중요문장, 단어, 간단한 읽기 방법을 익히는 것입니다. 동화책을 소리 내어 읽고 이야기의 흐름을 알아본 후 노래, 라임, 챈트, 시 등을 교사와 전체 학생이 번갈아 읽고 나서 학생들이 모둠별로 나눠 읽고, 학생들이 짝과 함께 나누어 읽게 합니다. 처음에는 교사와 전체 학생, 모둠과 모둠, 짝과 짝이 함께 읽다가 시간이 지나면서 스스로 읽게 되는 것이지요.

학교에서 영어를 처음 배우게 되는 3학년 학생들이 꾸준히 영어동화를 읽으면 언어적 요소를 하나하나 배워나가며 체계적인 읽기의 기초를 마련할 수 있어요. 가장 중요한 것은 영어수업시간이 아니더라도 평소에 마더구즈, 노래, 챈트 등을 통해 라임을 많이 듣고 활용하도록 환경을 조성하는 것입니다. 담임교사나 가정에서 아이를 가르치는 부모라면 어렵지 않지만, 영어수업 외에는 학생들을 대면하기 어려운 상황에서는 부담스럽지만, 최대한 고려해야 할 부분입니다.

함께 책 읽기를 위해서는 단어나 문장의 반복이 있고, 리듬과 라임으로 쓰인 책, 이야기의 전개가 쉽고, 이야기의 흐름을 예측 가능한 책이 좋습니다.

3. Guided Reading(주도적 책 읽기)

이 단계는 학생들이 90% 이상의 단어를 알고 있는 책을 선정하고, 모르는 단어가 나왔을 때 문맥이나 단어의 형태 등을 이용하여 스스로 읽고 의미를 파악할 수 있도록 도와주는 것입니다. 이 과정을 통해 independent reader(읽기독립)가 되게 하는 것이지요.

초기에는 패턴이 있는 책도 좋지만, 학생들의 성향이나 관심을 고려하여 다양한 책 중에서 선택하여 읽도록 하는 것이 좋습니다. 이것을 혼자 읽을 수 있도록 이끌어주는데, 반복된 문장 읽기와 쓰기로 연결할 수 있지만 억지로 하는 것은 동화 활용 영어 학습에 흥미를 떨어뜨릴 수 있습니다.

이러한 단계를 고려할 때 같은 동화책이라도 학년 수준과 학생들의 읽기 경험에 따라 reading의 방법이 조금씩 달라지게 됩니다.

무엇보다 중요한 것은 영어책 읽기에 대한 자신감과 책 읽기의 즐거움을 학생들이 느낄 수 있도록 교사는 지속적으로 연구하고 지원해야 합니다. 학생들이 영어책을 좋아하면 더 많이 읽게 되고, 더 많이 읽으면 더 잘하게 되는 것이 성공적인 영어 동화 학습의 목표가 될 것입니다.

읽기 전·중·후 이렇게 활동을 해보세요

영어동화를 활용한 학습에 대한 강의나 연수에서 귀에 못이 박히도록 들어왔던 말이 읽기 전·중·후 활동입니다. 꼭 전·중·후를 나누어서 무엇을 어떻게 학습하게 하는가? 생각할 수 있지만 듣기, 말하기, 읽기, 쓰기를 통해 통합적으로 학습할 수 있는 동화 활용 학습에서 학습자의 연령과 수준을 고려하여 단계적인 학습 활동이 필요합니다. 학생들이 동화의 내용을 잘 이해하고, 자신의 수준에서 잘 받아들이고, 자신의 생각과 감정과 연결시키는 것이 중요합니다. 그것을 노래나 크래프트, 책으로 만들어 낼 수 있는 매우 창의적인 활동을 통해 영어뿐만 아니라 생각이 깊어지고 행동이 달라질 수 있습니다. 여기에서는 전·중·후 활동이 어떻게 자연스럽게 이루어지는지에 초점을 맞추어 소개하고자 합니다.*

동화 읽기 전 학습 활동

이야기의 흐름을 파악하고 추측하게 합니다. 동화의 앞과 뒤표지의 그림을 가리키며 간단한 질문을 하는 것입니다. 이때 교사가 길고 완벽한 문장으로 답하기를 원한다면 학생들은 처음부터 부담을 느낄 수 있겠지요. 단어 수준의 짤막한 문장으로 답할 수 있도록, 필요하면 우리 말로 자신의 생각과 느낌, 경험 등을 말할 수 있는 자유롭고 즐거운 분위기로 책에 대한 호기심과 예측, 자신과 연결고리를 만들어가는 시간입니다. 자연스럽게 말로만 이어갈 수도 있고 교사가 칠판에 그림이나 기호, 카드, 실물, 인형, 마임 등을 활용하며 이야기 속으로 빠져가게 하는 것입니다.

---

* 김영미(1999), 〈동화로 가르치는 초등 영어〉, 문진미디어

1) 그림카드 활용하기

이야기에 나오는 어휘 중 새롭게 사용되는 형용사, 동사 등 선정하고 학생들이 이해할 만한 그림 자료를 만들어서 활용합니다. 책 속의 삽화나 그림들을 그림카드로 만들거나 이미지를 찾거나 시중에 나와 있는 학습용 자료를 활용할 수 있지요. 그림카드나 문자카드를 활용한다는 것은 새로운 어휘를 부담없이 들려주면서 지속적이고 반복적으로 학습할 수 있게 하는 것입니다. 시간이 주어진다면 학생들이 직접 그려서 그림카드를 만들어 사용하면 훨씬 의미가 있고, 나중에 자기만의 책이나 그림사전으로 남아 그림책에 관한 추억의 보물이 될 것입니다.

2) 마임 활용하기

교사가 어설픈 마임으로 동화의 장면을 보여주더라도 학생들은 교사의 표정, 제스처, 목소리, 억양 하나하나에 관심을 갖고 활발한 반응을 보이며 즐거워합니다. 아무리 세계적으로 유명한 그림책 작가나 성우가 나오더라도 학생들은 늘 자신과 함께 생활하고 자주 보는 선생님의 마임을 통해 행동, 감정, 상태를 나타내는 어휘들을 더욱 의미 있게 배우게 될 것입니다.

이야기와 관련된 어휘들을 마임으로 보여주면서 어휘를 맞히게 한다면 새로운 어휘를 쉽게 이해하고 오래도록 기억에 남아 있을 수 있어서 효과적인 방법입니다. 이활동은 나중에 모션과 함께 노래 부르기나 역할놀이로 자연스럽게 연결시킬 수 있습니다.

3) 영어를 우리말로 말하기

초등학교 3학년 이상의 학습자들은 인지 수준이 어느 정도 발달되어 있어서 모국어의 도움을 받아 새로운 단어를 빠르게 이해하고 암기할 수 있습니다. 구체적으로 학생들이 영어 단어를 우리 말로 말하거나 교사가 우리 말로 표현하면 영어로 말하게 하는 것입니다. 처음에는 부분적으로 우리말로 이야기를 읽어주다가 목표 언어가 사용되는 부분만 영어로 읽어주어도 좋고, 차츰 영어로 말해 주는 부분을 확대시켜

나가면 이야기에 대한 흥미와 자신감 및 이해도를 높이고 확장시킬 수 있습니다.

4) 그림카드와 단어카드 연결하기

책을 읽고 새로 나온 단어나 학생들이 익혀야 할 단어를 그림과 함께 짝을 이루어 몇 세트의 카드를 만들어 나누어 주고 서로 짝을 찾게 하는 활동입니다. 이 활동 전에 이야기와 그림, 단어가 잘 연결되는지 확인하는 활동으로, 교사가 그림을 보여주면서 큰소리로 단어를 말해 주면 학생들은 자신이 갖고 있는 단어카드 중 그 그림과 연관된 단어를 집어 들게 하는 활동입니다.

한 단계 더 나아가서는 한글과 영어 단어카드를 나누어 주고 게임판이나 책상 위에 뒤집어 놓아 가위바위보로 순서를 정합니다. 한글과 영어가 일치하면 자기 앞으로 가져오고 계속해서 다시 카드를 뒤집는데, 카드가 일치하지 않으면 원래대로 뒤집어 놓아야 하며, 기회는 상대방에게 넘어갑니다.

게임을 마친 후 카드를 많이 가진 사람이 이기게 되는 게임입니다. 동화활용 영어학습뿐만 아니라 교실 영어수업에서 자주 쓰는 평범하면서도 학생들이 좋아하는 활용도가 높은 게임입니다.

5) 진실 게임

동화에 나오는 사물이나 그림을 보여주고 그에 관한 문장을 하나씩 말합니다. 교사가 말한 문장이 맞을 때만 학생들은 문장을 따라 말합니다. 그림에 대한 설명이 틀릴 경우에는 따라하지 말고 조용히 있어야 합니다. 교사와 학생 전체가 함께 할 수 있고, 짝이나 모둠 활동으로도 할 수 있으나 교사의 역할을 하는 학생은 교사가 정해 주는 것이 필요합니다.

6) 노래하기

이야기와 관련된 내용의 노래를 불러 학생들의 흥미를 유발하고 이야기에 쉽게 접근하도록 도와주는 매우 유의미한 활동입니다. Let's listen to this song first.

Let's sing together.(by clapping, with motions, music instrument) You are very good singers. 이러한 순서대로 학생들을 격려하면서 즐겁고 흥겹게 동화 활용 학습을 이끌어갈 수 있습니다.

2. 동화 읽기 중 학습 활동

읽기 전 학습이 책의 표지나 삽화, 등장인물을 보며 이야기를 추측하고 자신의 경험이나 생각들을 나누어 본다거나 새로운 어휘들을 학습하는 과정이라면 읽기 중 학습은 실제로 이야기 속으로 들어가서 충분하게 이해하는 과정이라고 볼 수 있어요. 학생들의 이해도를 점검하기 위해 이야기를 읽거나 말해 주다가, 다음에 어떤 일들이 일어날 것인지 묻기도 하고 자신의 경험들과 관련지어 말해보게 하는 것입니다. 교사는 최대한 학생들이 알아듣기 쉬운 영어로 표정, 그림, 마임 등을 이용해서 묻고 학생들은 우리 말이나 영어를 사용하여 답을 하거나 행동이나 몸짓으로 표현할 수도 있어요. 책에 더욱 몰입하는 아이들은 말로 표현할 수 없을 때 표정이나 행동으로 실감 나게 표현한답니다. What will happen next? Can you tell(say) me about it in English(Korean)? 이러한 질문을 하면서 자연스럽게 진행합니다.

1) 배경 그림 상상하기

이야기의 이해를 돕기 위해서 시각적인 연상법을 사용할 때 배경 그림 상상하기 활동을 할 수 있어요. 이야기를 읽어주다가 매우 인상적인 그림이나 사건을 묘사하는 장면이 나오면 잠시 눈을 감고 이야기 속 배경 그림을 떠올려 말해보게 하는 것이죠. 학생들은 머릿속에 떠올린 각각의 영상을 서로 이야기해보거나 간단한 그림으로도 나타낼 수 있어요. 상상으로 그린 배경 그림 속에서 듣고, 느끼고, 맛보고, 냄새 맡은 것을 이야기하면서 친구들의 생각과 느낌을 공유하면서 이야기를 더욱 흥미롭게 받아들일 수 있습니다.

2) 감정 곡선 그리기

이야기의 흐름에 따라 자신의 생각과 느낌이 어떻게 바뀌어 가는지 스케치북이나 공책에 연필이나 볼펜, 색연필, 크레파스 등을 이용해서 자유롭게 곡선을 그려보는 것입니다. 이야기를 읽어가다가 잠시 멈추어서 감정 곡선을 그리는 시간을 주거나 미리 인상적인 사건들의 문장을 적어 둔 활동지를 만들어 이야기의 흐름에 따라 감정 곡선을 그리게 할 수 있어요. 이 활동은 이야기의 흐름을 잘 이해하며 듣고 있는지, 자신의 생각과 느낌으로 연결할 수 있는지를 확인하는 과정이라고 볼 수 있습니다.

3) 추측하기

이 활동은 읽기 전 활동에서도 많이 하는 활동이지만 이야기 중에 삽화나 그림, 등장인물을 확대하여 보여주고 다음 장면에는 어떤 이야기가 일어날 것인지 추측해보게 합니다. 학생들은 자신의 경험이나 학습을 통해 얻은 배경지식으로 이야기의 실마리를 풀어가며 자신이 말한 이야기와 원문이 비슷할 때 자신감을 갖기도 하고 다를 경우에는 새로운 이야기를 만들어 갈 수 있는 활동입니다. 교사는 어떠한 상황이나 장면에서도 학생들의 생각과 느낌을 존중하며 동화를 활용한 활동이 배움과 성장으로 이어질 수 있도록 이끌어가야 하겠지요.

4) 그림과 단어 연결 짓기

이야기를 통해 필수적으로 학습해야 할 어휘들이 있습니다. 쓰기와 관련된 활동으로 먼저 핵심단어 등을 포스트잇에 사인펜이나 크레파스로 크게 써서 이야기 속 그림 장면에 붙여주는 것입니다. 교사가 읽으면서 붙일 수도 있고 학생들이 각자의 책이 있다면 이야기를 읽으면서 단어를 붙여갈 수 있어 더욱 효과적입니다. 결국 어휘 학습이 되는 것이지요.

3. 동화 읽기 후 학습 활동

읽기 후 활동은 가장 많은 활동을 차지하고 있습니다. 챈트, 마임, 손가락 인형 놀이, 팝업북 만들기, 역할놀이, 뮤지컬, 설문지, 포트폴리오 등 다양한 활동을 할 수 있습니다. 읽기 후 활동을 학생들이 책을 읽고 영어 4기능을 통합적으로 할 수 있는 다양한 학습이 이루어지는데 이를 통해 이야기의 내용을 장기적으로 기억할 수 있고, 자신의 경험과 연결지으며 가치를 내면화할 수 있으며, 영어에 대한 흥미와 자신감을 기를 수 있는 단계입니다.

1) True Or False

학생들에게 여러 가지 방법으로 책을 읽어준 후 교사는 자연스럽게 이야기의 내용과 일치하는지, 일치하지 않는지 Yes/No로 답하며 몸짓을 할 수 있게 합니다. 학생들의 읽기 수준이 어느 정도 가능하다면 이야기에서 몇 부분에 변화를 주어 참(T)/거짓(F) 문장이 적힌 학습 활동지를 만들어 이야기의 내용에 맞게 표시하도록 하는데 수준에 따라서 교사가 문장을 읽어주거나 그림으로 문제를 제시할 수 있습니다. 고학년에서는 자기주도학습으로 학습 활동지를 미리 복사하여 나눠준 후, 이야기 녹음을 들으면서 틀린 부분을 찾는 것으로 심화할 수 있습니다.

2) 빈칸 채우기

이야기의 한 부분이나 전체를 ppt나 학습지로 작성하여 핵심 어휘가 들어있는 낱말이나 문장을 빈칸으로 비워놓고 교사의 힌트를 듣거나 아니면 학생 스스로 빈칸을 채워가는 것입니다. 초기에는 도움이 되는 문장이나 보기를 함께 제시할 수 있습니다.

학생들이 빈칸을 다 채우면 교사는 학생들에게 빈칸에 들어갈 수 있는 단어, 혹은 문장을 발표시키고 이야기를 큰소리로 다시 말하도록 합니다. 부분적으로 빈칸 채우기를 한 다음에 전체적으로 이야기를 읽어본다면 학생들이 전체 이야기를 오래 기억할 수 있겠지요.

3) 이야기 지도 그리기

이야기의 흐름을 잘 이해하기 위해 사건의 순서를 지도로 그려보는 활동입니다. 먼저 교사는 이야기를 들으면서 이야기 지도 그리는 방법을 가르쳐 줍니다. 이야기에서 전개되는 한 두 개의 사건을 제시해주고, 다음 이야기의 전개를 그림으로 그려 넣을 수도 있고, 교사가 미리 이야기의 장면을 섞어서 활동지를 만들어 주면 학생들이 활동지 안에 순서를 매기거나 줄을 이어가며 이야기를 말할 수 있도록 하는 활동입니다. 개별 활동으로 할 수 있으나 모둠을 지어 이야기가 어떻게 전개되는지 차트로 그려본다면 이야기의 구조를 익히고 이야기를 다시 말하는 데 많은 도움이 됩니다.

4) If I were …

학생들이 책을 읽고 내가 만일 주인공이라면 또는 이야기 속의 등장인물이라면 어떻게 했을지, 어떻게 할 것인지 상황에 따라 추측해보는 활동입니다.

Make a sentence with the pattern, "If I were_____, I would_____." 이러한 패턴의 문장을 주고 문장을 작성하여 발표합니다. 처음에는 교사가 예시문을 주어 따라 쓰다가 네이버 영어 사전이나 파파고를 활용하여 자신의 경험이나 상상을 문장으로 나타낼 수 있도록 합니다. 이것은 단순히 동화를 읽고 영어공부를 하는 것을 넘어 상상력을 풍부하게 하고 자기관리역량을 키워가는 의미 있는 활동입니다.

5) 스토리북 만들기

이야기 그림을 활용하거나 상상하여 그린 그림 등 개별 활동의 결과물을 모아 책을 만들어 발표하거나 전시하는 활동입니다. 학생들은 책을 읽고 자신이 만든 책을 선생님이나 친구들에게 읽어 줄 수 있다면 동화학습에 대한 흥미와 성취감을 느낄 수 있을 것입니다. 학생들이 어리거나 시간을 절약하고자 할 때는 문장과 삽화를 미리 준비하여 나눠줄 수 있습니다. 다양한 모양의 책 만들기 활동은 인터넷에서 자료와 방법에 대한 정보를 쉽게 얻을 수 있습니다.

6) 역할극이나 뮤지컬로 나타내기

가장 인상적인 이야기의 장면을 역할놀이 대본을 만들어 간단한 역할극을 하는 것입니다. 대본 만들 때 챈트나 노래를 넣어서 뮤지컬로 꾸밀 수 있습니다. 처음에는 역할극이나 뮤지컬로 제시되어 있는 사이트나 동영상을 참고하여 예시를 들어주면 학생들은 쉽게 모방하여 재미있는 역할극이나 뮤지컬로 나타낼 수 있습니다. 활동 방법에는 여러 가지가 있지만, 학생들이 쉽고 즐겁게 협력 활동을 할 수 있게 하는 것이 매우 중요합니다.

7) 상호 평가하기

동화 활용 학습에 대해 평가하기 위해서 간단한 평가지나 설문지를 만들어 활용할 수 있습니다. 단순히 학생들의 이해도를 파악하기 위한 것뿐 아니라, 이야기와 활동에 대한 흥미, 선호도, 난이도를 알아보기 위한 질문지나 설문지를 만들어 활용할 수 있습니다. 이것은 네이버 폼으로 설문지를 만들어 활용할 수 있고, 학생들 스스로 설문지를 만들어 답변해보게 하는 것도 좋습니다. 이 활동을 통해 교사는 학생들의 생각과 느낌을 알아보고 후속학습에 대한 피드백을 받을 수 있습니다.

영어 인터넷 동화나 실물 영어책을 읽고 기록으로 남기거나 그림이나 카드를 만든 후속 활동들을 모아보았습니다.

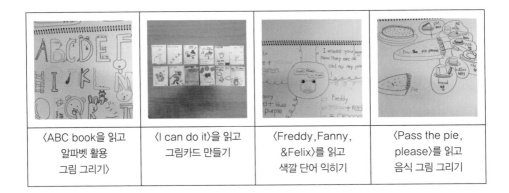

〈ABC book을 읽고 알파벳 활용 그림 그리기〉	〈I can do it〉을 읽고 그림카드 만들기	〈Freddy, Fanny, &Felix〉를 읽고 색깔 단어 익히기	〈Pass the pie, please〉를 읽고 음식 그림 그리기

〈Are you happy?〉를 읽고 표정 그림 그리기	영어책을 읽고 번호, 날짜, 제목 등 한 줄 쓰기	〈At school〉을 읽고 비쥬얼 씽킹으로 나타내기	〈One gorilla〉를 읽고 동물의 수 그림으로 나타내기

영어동화 스토리 맵(Story-map)으로 배워요

영어동화 Story-map이란 영어동화를 듣고 중요한 단어를 적어서 이야기의 내용을 알기 쉽게 이해하는 활동입니다. 필자는 학생들이 이야기를 듣고 중심단어를 적어보는 과정으로 리틀팍스라는 유료 웹사이트를 활용하였습니다. 초등학교에서 적용하는 것은 인터넷 동화 수준 1단계 중심이고, 학생들의 어휘 수준에 따라 생각이나 느낌을 단어로 표현할 수 있습니다.

첫째, 교사가 영어과 교육과정과 관련하여 수준별, 주제별로 다양한 영어동화를 활용할 수 있습니다.

둘째, 영어동화 영상, e-BOOK, 단어장, 퀴즈, 녹음기능, 프린터블 북 등 다양한 기능을 제공합니다.

셋째, 단계적, 체계적 학습관리가 이루어지고 무엇보다 스토리 맵핑을 통하여 영어의 4기능을 신장시킬 수 있습니다.

이러한 점을 고려하여 교육과정과 직접적으로 연관된 표현, 일상생활과 관련된 표현, 새로운 동화, 단계별, 분야별, 시리즈별 다수의 영어동화가 수록되어 있고, 학습 보조자료, 학습기록 및 관리 시스템이 체계적이어서 동화학습을 하는데 매우 유용한 사이트를 활용합니다.

1. 영어동화 story-map 작성 순서

인터넷 동화를 보고 듣기		▶	스케치북에 날짜와 제목을 적기	
인터넷 동화를 다시 들으며 주요 낱말을 적거나 그림으로 그리기		▶	작성한 스토리맵을 보며 친구, 물건, 선생님 등에게 말하기 –S(service, speaking, sharing)	
작성한 스토리맵을 보며 영어로 말하고 시간 재기 –TR, OTR		▶	동화 원문을 붙이고 내용을 확인하기	

2. 영어동화 story-map 실행 Tip

1) 먼저 우리 말 책부터 읽히자

영어를 못하더라도 우리 말 책을 많이 읽는 학생들은 영어에 관심을 갖게 될 가능성이 많다는 것을 학생 관찰을 통해 알 수 있습니다. 인터넷 동화의 내용을 한눈에 알아차리는 학생들은 우리 말 책을 많이 읽어서 배경 지식을 충분히 갖고 있는 학생들이고, 그중 대부분의 학생들은 영어 실력이 상위 수준입니다. 그렇다면 영어도 못하고 우리 글도 잘 읽지 않은 학생들을 어떻게 할 것인가?

매주 2회 아침 시간 30분 한글책을 지속적으로 읽게 합니다. 또 매주 수요일 과제는 책 읽는 것으로 제시하여 읽었는지 확인하고, 국어 시간 10분 활용하여 책 읽는 방법도 교사의 단위 수업시간을 재조정하면 가능할 수 있습니다.

2) 영어 알파벳부터 지도하자

학생들의 수준이 매우 다양한 상황에서 story-map을 시작하기에는 여러 가지 걸림돌이 있었는데 그중 하나가 문자 지도를 해야 한다는 것입니다. 1~2학년은 제목 정도만 쓰고 그림을 복사해서 나누어 주거나 그리게 하는 방법도 있지만, 기본 알파벳은 인식하고 쓸 수 있어야 효과적입니다. 그래서 저학년들은 알파벳 지도를 위한 다양한 게임, 챈트, 워크북을 활용합니다.

3) 파닉스와 병행하자

영어동화와 파닉스는 전혀 다른 영어 교수 · 학습 방법으로 인식되고 있지만 병행하여 지도하면 더욱 효과적일 수 있다는 전제하에 알파벳 챈트나 'Starfall'이라는 영어교육 사이트의 파닉스 동화를 활용할 수 있습니다.

4) 단어를 못 쓰는 학생들은 한글로, 기호로, 그림으로 나타내도 좋다

단어를 못 쓰는 학생에게는 한글로, 미완성 철자 그대로, 그림으로 그려 넣도록 하여 문자 학습에 대한 부담을 줄여줍니다. 일단 동화를 많이 듣게 하고 문자 언어에 부담 없이 노출되도록 합니다. 꾸준히 동화를 듣는 학생들은 점차 중심 단어를 쓰는 데 익숙해집니다.

5) 중심 단어를 못쓰거나 틀린 학생은 더 많은 공부를 했으므로 칭찬해주자

중심 단어를 못 쓰거나 틀렸으면 빨간 볼펜으로 표시를 하고 단어를 세 번씩 쓰는 활동이 있습니다. 교사는 언제든지 story-map 스케치북을 점검하여 빨간색으로 많이 쓴 학생들의 수고를 칭찬하고 과업에 대한 성취감을 느낄 수 있도록 격려해줍니다.

6) 짝과 함께, 사물에게, 친구에게 말하고 읽어주는 활동은 대상을 계속 바꿔가며 싫증나지 않도록 하자

story-map 활동은 동화를 혼자 흘려듣거나 집중해서 듣고 중심 단어를 적은 후에 사물이나 친구에게 말해주는 협력 활동입니다. 가능한 한 대상을 충분히 바꿔주어 활기차게 이루어지게 하는데, 초기 단계에서는 어떻게 하면 즐겁고 재미있게 읽어주는 지 교사와 학생의 시범을 보여주는 것이 좋습니다.

7) 잘하는 학생들은 전체 앞에서 발표하게 하고 홈페이지에 원문이나 소감을 쓰게 해서 첨삭 지도하자

동화의 내용을 적는 것을 넘어서 자기의 느낌을 단어나 문장으로 표현할 수 있는 학생들은 학급 홈페이지에 글을 올리게 합니다. 교사의 꾸준한 첨삭 지도가 따르게 되면 훨씬 정확하고 유창한 영어를 할 수 있게 됩니다. 처음에는 수준이 높은 학생들에게 과제로 제시할 수 있지만, 지도 횟수가 늘어감에 따라 전체 학생에게 글을 써서 올리게 하는 방법도 효과적입니다.

8) 다양한 주제의 동화를 들려주고 흥미 있는 것을 선택하여 story-map할 수 있도록 하자

MI(Multiple Intelligence) 이론에서도 언급하듯이 학생들의 적성과 관심은 매우 다양해서 좋아하는 동화의 종류가 각각 다릅니다. 교사는 다양한 주제의 동화를 충분히 들려주어 학생들의 관심을 끌어들이는 것이 무엇보다 필요합니다. 그러기 위해서는 교사가 많은 동화를 접하여 단계별, 수준별, 장르별 동화를 잘 알고 직접 story-map을 해보면 지도가 용이합니다.

〈리틀팍스 사이트를 활용한 영어 스토리맵 실행 자료〉

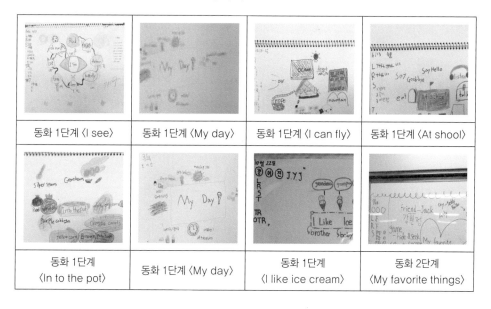

동화 1단계 〈I see〉	동화 1단계 〈My day〉	동화 1단계 〈I can fly〉	동화 1단계 〈At shool〉
동화 1단계 〈In to the pot〉	동화 1단계 〈My day〉	동화 1단계 〈I like ice cream〉	동화 2단계 〈My favorite things〉

영어동화 수업에 바로 쓸 수 있어요

아무리 좋은 사이트를 알고 있고 좋은 자료가 있다 해도 일상이 바쁜 교사에게는 가장 손쉽게 자료를 활용할 수 있는 것이 최고이죠! ⓚ Printables for Kids 는 영어동화로 수업을 할 때 가장 먼저 생각나는 사이트입니다. 우선 학생들이 쉽게 읽을 수 있는 다양한 책들이 그림과 함께 수록되어 있고, 모든 책의 그림 자료들이 컬러 혹은 흑백으로 되어있어 바로 PPT와 활동지로 만들 수 있어 좋습니다.

학생들과 소리 내어 읽기, 함께 읽기를 충분히 한 다음 책의 장면에 따라 이야기의 흐름을 알게 하는 것이 중요한 책 읽기 수업의 단계인데, 이것을 쉽고 빠르게 할 수 있습니다.

1. Old Macdonald Had a Farm

'How many cows?'라는 3학년 영어 단원을 배울 때 유용하게 쓰는 자료가 있어요.

먼저 〈Old Macdonald Had a Farm〉를 충분히 읽어주거나, 함께 읽기를 한 후 〈학습지1〉에 색칠하고 동물의 이름을 찾아 써보는 활동으로 이어질 수 있어요.

〈학습지2〉로 동물의 울음소리를 흉내 내는 활동을 하고 〈학습지3〉의 동물 그림을 오려 붙이면서 동화를 처음부터 읽어보게 하는 활동으로 구성할 수 있어요. 특히 저학년 학생들은 이러한 과정을 충분히 즐기면서 책을 읽을 수 있답니다. 더 나아가서는 〈학습지1〉에 좋아하는 동물을 그려놓고 짝과 함께 동물의 수를 묻고 답하는 대화를 할 수 있습니다.

A: How many cows?

B: Three cows?

A: How do they sound?

B: Moo - Moo.

A: What's your favorite animal?

B: dog.

〈활동지 1〉

〈활동지 2〉

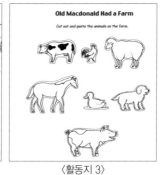
〈활동지 3〉

2. Mary Wore Her Red Dress

4학년 영어 'Put on your Jacket'이라는 단원을 공부할 때 유용하게 활용할 수 있는 동화책입니다.

매우 다양한 옷과 색깔 등을 학습할 수 있고 학생들이 인형 옷을 입히거나 그려서 자신만의 작품을 만들 수 있어 성취감도 느낄 수 있습니다. 짝이나 모둠별로 이젤 패드에 붙여 패션 전시회도 할 수 있습니다. 책에 나온 내용으로 하지 않고 자신이 좋아하는 옷을 입혀도 되고 그려 넣어도 좋습니다. 그림이 완성되면 짝과 함께 다음과 같은 대화를 할 수 있습니다.

A: Dose Mary were red dress?

B: Yes she does.

A: What color sweater does Stacy were?

B: Yellow.

〈활동지 1〉 〈활동지 2〉 〈활동지 3〉

영어책 읽기 전 파닉스와 함께 소리, 글자, 낱말을 익혀요

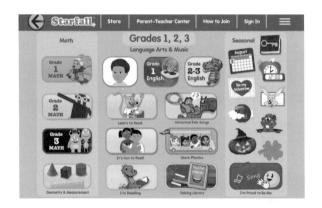

초기 학습자들이 영어책을 쉽고 재미있고 즐겁게 읽게 하기 위해서는 첫 밑다짐이 중요합니다. 어떻게 하면 쉬우면서 흥미를 갖고 읽게 할 것인가를 생각하면 엄마가 아이를 가르칠 때나 수업 안에서 가르칠 경우에 무엇부터 해야 할지 고민이 따르게 됩니다. 그야말로 영어에 전혀 익숙하지 않은 학습자들에게 〈Star fall〉과 같은 사이트는 매우 의미 있는 도움을 줄 수 있습니다. 영어를 어떻게 읽는 것인지 소리, 문자, 문장 단위로 끊어 하게 하고, 수학과 관련된 자료들을 다양하게 제공하고 있습니다. 영어수업시간에 활용할 자료로는 파닉스, 스토리, 노래에 관련 클립이나 영상을 가져올 수 있고, 짧게 지속적으로 들려주면 영어 학습의 기반을 닦을 수 있습니다.

많고 많은 사이트 중에 어떤 것을, 어떤 시기에 적절하게 활용하는가는 교사나 교수자들이 사이트에 직접 들어가서 구석구석 찾아보고 학생들의 선호도나 수준에 맞는 자료를 찾는 것이 중요합니다.

〈It's Fun to Read〉는 7개 파트로 나누어져 있는데 초기 학습자에게 쉽고 다양한 문장을 어절별로 정확한 발음으로 따라 읽게 한다.

〈Tongue Twister〉를 연습할 수 있는 파트인데 4개의 유명한 챈트로 발음 연습을 할 수 있다.

〈Art Gallary〉에서는 유명한 화가 모네, 쇠라, 고갱, 샤갈 등의 작품을 설명하는 글과 함께 라임이나 반의어 등 파닉스와 어절 학습을 할 수 있다.

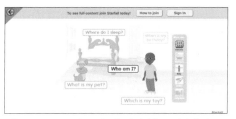

〈All About Me〉는 인물을 아이템을 끌어다가 만들고 옷이나 모자, 신발을 색깔별로 맞추어 볼 수 있는 어휘 공부를 하는 파트이다.

유명한 원어민 성우가 읽어주니 더욱 재미있어요

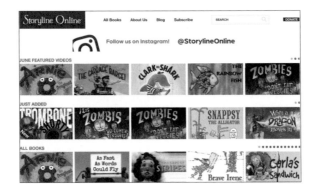

　이 사이트는 정말 다양하고 수준 높은 책도 수록되어 있지만, 무엇보다 책 읽어주는 사람이 외국의 유명한 작가나 성우들입니다. 매력적인 목소리를 가진 전문가들이 읽어주므로 아이에서 성인에 이르기까지 책 읽는 것을 즐겁게 하는 사이트입니다.

　교사를 위한 교수·학습 지도안이나 활동 안내가 수록되어 있어 활용이 용이하고, 유튜브에 60개 이상의 동영상이 업로드되어 있어 학생들도 손쉽게 접근이 가능합니다. 다만 원어민의 발음이 다소 빠른 편이므로 반복하여 들려주거나 자막을 띄워 놓고 보게 하는 것이 좋습니다. 잔잔하게 읽어주는 성우들의 목소리, 배경음악, 효과음까지 넣어 읽어주므로 이야기의 흐름에 푹 빠질 수 있습니다. 여기에서 〈도서관에 간 사자〉라는 책으로 유명한 〈Library Lion〉의 교사 guide book의 내용을 소개해 볼게요.

1. 책 이름: Library Lion(도서관에 간 사자)
2. 이야기 내용:

　어느 날 갑자기 사자가 도서관에 나타났다! 조용하기만 한 도서관에 사자라니. 초원의 자유 속에 사는 사자가 도시 속 가장 정적인 장소에 등장하면서 벌어지는 색다른 에피소드와 소소한 교훈을 담은 책입니다.

　〈도서관에 간 사자〉는 미국 동화작가 미셸 누드슨이 쓴 동화로 도서관에 있던 아이들과 선생님이 갑자기 등장한 사자와 차츰 친해지면서 이
야기가 시작됩니다. 그러던 어느 날 도서관장 선생님이 쓰러
진 것을 본 사자는 그만 '으르렁' 소리를 내며 도서관 규칙을
어기고 쫓겨나게 됩니다. 사자는 앞으로 어떻게 될 것인지 시
시각각 흥미를 유발하는 요소가 계속되는데요. 도서관 생활
에서 지켜야 할 '떠들면 안 된다', '뛰어다니면 안 된다'는 규칙을 알려주고 있어 아이
들의 도서관 활용 교육도 되지만 한편 긴박한 상황에는 규칙을 깨야만 하는 공동체
에 대한 메시지도 담겨있습니다. 이야기의 주제는 도움을 주고받으며 우정을 나누는
것과 규칙을 지키지만 의사 결정을 해야 하는 것에 대해 생각해보게 하는 좋은 책입
니다.

3. Reading and Writing(읽기와 쓰기)

1) **Before reading**(읽기 전 활동)

학급에서 배경지식을 활성화하고 사전의 경험을 이야기의 흐름을 예측하고 자신
의 생각을 말해보게 한다.

- 도서관에서 지켜야 할 규칙에 대해서 토의를 해보게 한다.
- 도서관에서 규칙을 지키지 않아도 되는 경우는 언제일까 생각해보게 한다.
- 제목을 읽고 책의 표지를 보면서 이야기가 무엇에 관한 이야기일지 예측해 보
  게 한다.
- 이야기의 내용과 자신의 경험을 연결지으면서 자신의 생각과 느낌을 나누게
  한다.

2) **During reading**(읽기 중 활동)

- 학생들은 이야기를 집중해서 듣고 큰소리로 따라 읽으며 이야기의 내용에 대
  해 질문을 하고 답할 수 있다.
- 학생들은 그림이나 삽화를 보면서 이야기의 흐름을 이해하고, 등장인물의 얼굴

표정, 행동을 통해 인물의 성격이나 관점을 이해할 수 있다.

- 교사는 이야기를 읽다가 주기적으로 멈추면서 학생들에게 다음에 무슨 일이 일어날지 예측하고 마지막 장의 사자의 모습을 보고 어떤 생각과 느낌이 드는지 이야기해보게 한다.

3) After reading(읽기 후 활동)

학생들은 반복해서 읽으면서 이해를 높이고 다양한 방법으로 쓰기를 할 수 있다. 필요한 자료는 차트 종이, 마커, 종이, 연필, 크레용을 준비한다.

- 책의 표지를 보면서 제목을 차트의 첫 장에 써서 큰 소리로 읽고 무슨 의미가 있는지 말한다.
- 각 단어의 시작 글자에 동그라미를 치며 철자의 소리를 따라 말하게 한다.
- 다음 문장을 차트 종이에 써서 학생들에게 읽게 하라. 각 단어의 s(b, d)에 동그라미를 치며 학생들에게 그 소리를 반복하게 한다.

〈tongue twister〉의 예

- She sells sea shells at the seashore.
- Beautiful Betty buys blueberry pies at the bakery
- The skunk stunk sitting on a stump.
- Doug danced with the dog on the dock.

- 학생들에게 Library Lion에 대해 생각한 것을 자유롭게 문장을 만들어 종이에 써보게 한다(예를 들어 Library Lion은 배우고 싶어 한다. 규칙을 잘 지킨다. 아이들은 사자를 무척 좋아한다. 사자는 지혜롭고 현명하다).
- 자신이 좋아하는 장면을 그림으로 그리고 자신이 만든 문장을 적어 넣는다 (Sneaky Snake).
- 학생들이 다음과 같은 주제로 토의, 토론할 수 있다.
  - 사자가 이웃에 나타날 가능성은 매우 낮습니다. 사자가 어디서 왔다고 생각하십니까?

– 만약에 우리 학교 도서관에 사자가 나타났다면 여러분은 어떻게 할 것입니까?

- 등장인물의 생각과 행동, 표정을 보면서 이야기 속의 증거를 찾아 토론한다.

- 이야기 속의 아이들이 사자에게 어떻게 반응했는지 초점을 맞춰 이야기를 다시 듣는다.

- 학생들이 이 이야기에서 근거를 제시하도록 하면서 그 질문에 대해 답한다.

반복 패턴이 있는 동화책으로 읽기 쓰기를 해봐요*

반복 패턴이 있는 동화책에서는 동일한 어구나 문장을 반복해서 읽기 때문에 영어동화책 읽기에 대한 부담을 줄여줄 수 있습니다. 동화책에서 제공하는 유의미한 상황에서 문장이나 단어를 읽기 때문에 영어학습에 친근감을 느끼게 됩니다. 문장을 운율감 있게 읽을 수 있어서 동일한 문장을 여러 번 읽어도 지루하지 않고 재미있게 읽을 수 있다는 장점도 있습니다. 특히 유튜브에서 제공하는 동화책 노래 영상을 듣고 따라 부르면서 가정과 학교에서 즐겁게 공부할 수 있습니다.

---

* 김혜리(2011), 〈초등 영어 읽기 쓰기 지도〉, 교육과학사

김영미(1999), 〈동화로 가르치는 초등 영어〉, 문진미디어

동화책을 읽은 후 개인별 수준에 맞는 쓰기 활동을 연계하여 지도할 수 있습니다. 반복되는 동일한 질문에 대한 다양한 답을 적어 자신만의 미니 동화책을 완성합니다. 이 과정에서 자신의 생활 장면과 연결되는 어구나 문장을 쓰는 활동은 일상과 학습을 연결시켜주어 영어 학습에 대한 유의미성을 알아가게 합니다. 자신의 이야기가 담긴 미니 북을 만들어 친구나 가족에게 소개하면서 읽기 활동과도 다시 연계됩니다. 읽기를 활용하여 쓰기를 지도하고 쓰기의 결과물을 활용하여 읽기 학습을 유도할 수 있어 효과적입니다. 간단하게 방법을 소개해보겠습니다.

1. 읽기 전 활동으로 그림책 표지를 보고 이야기의 내용을 짐작해서 말하게 합니다. 표지에서 보이는 것의 색깔, 크기, 모양 등의 특징에 대해서도 묻고 답합니다.

2. 읽기 활동으로 동화책에서 나온 질문과 답을 역할을 정해 읽어봅니다. 교사 대 전체 학생, 개인 대 전체 학생, 모둠 대 모둠이 묻고 답하면서 다양한 방법으로 동화책을 읽어 봅니다. 학생들이 동화책의 내용에 익숙해지면 교사가 가리키는 모둠이 해당 문장을 읽게 하여 읽기에 대한 긴장감을 높일 수 있습니다.

3. 읽기 후 활동으로 동화책에서 나온 그림과 단어나 문장 연결하기, 동화책에 나온 문장 OX 퀴즈, 동화책에서 동일한 단어나 문장이 몇 개가 나왔는지 읽고 세어보기 활동 등을 합니다.

4. 동화책의 일부분 바꾸어 쓰기로 자신의 생각이나 느낌이 담긴 미니 동화책을 만들어 친구나 가족들에게 읽어주면서 소개하기 활동을 합니다. 학생들의 개인별 수준을 고려하여 빈칸 쓰기 활동을 제공할 수 있습니다. 비쥬얼씽킹을 활용하여 동화책 그림을 간단하게 그리거나 교과서에 나온 그림카드를 활용하여 동화책을 직접 만들 수 있습니다. 쓰기에 어려움을 느끼는 학생들을 위해서 활용할 수 있는 단어와 뜻을 제공하면 좋습니다.

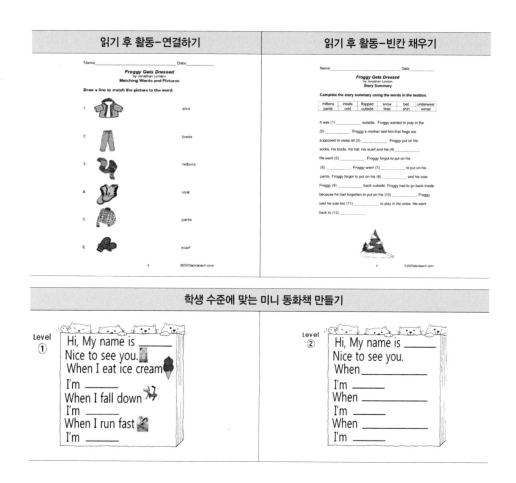

읽기 후 활동-연결하기	읽기 후 활동-빈칸 채우기
학생 수준에 맞는 미니 동화책 만들기	

가까운 곳에 두고 자주 보여주고 읽어주세요

"책을 읽는다는 것은 단순히 글자를 읽는 것이 아니고 글 속의 생각과 상황을 알고, 유추나 회상을 하면서, 경험과 결부시키기도 하고, 새로운 단어나 반복적으로 나오는 문법도 깨우치게 되는 것이 아닐까요? 또한, 코믹한 책은 웃으며, 감동적인 책은 눈물을 흘리며, 지식을 전달해 주는 책은 그 지식을 머리에 넣으면서 읽는 것이 진정한 책 읽기이고, 그럴 때라야 당당하게 책을 읽을 수 있다고 할 것입니다."*

- 이지영, 〈야무지고 따뜻한 영어교육법〉

영어동화를 활용한 교수·학습에서는 단위 시간에 아무리 동화를 잘 읽어주고, 느낌을 묻고 이야기를 나누며, 활동지를 통해 이해의 정도를 확인하는 학습이 이루어진다 해도 책의 의미와 흥미를 느끼며 책을 읽는 것만큼 중요한 것은 없습니다. 몸으로 체득할 수 있는 시간이 필요하고 실생활에 적용할 수 있으려면 반복해서 듣고, 읽고 싶을 때 다시 펴볼 수 있도록 주변에 좋은 영어책을 두고 자주 보여주고 읽어줄 필요가 있습니다.

영어책의 레벨을 알려주는 Lexile과 AR(Accelerated Reader)을 활용한다 할지라도 다양한 학생들과 학습자들의 수준과 흥미에 맞는 책을 고르기란 쉽지 않습니다. 교사나 교수자가 책을 고를 때 다양한 방법으로 정보를 수집하고, 가르치는 학생의 수준에 부합되는 책을 골라 교사가 먼저 읽고, 사전에 몇몇 학생들에게 읽어주고 반응을 보면 가늠할 수 있습니다. 그런 다음 다수의 학생에게 읽어주고, 학습과 연계하는 것이 좋습니다. 그래서 교사가 끊임없이 다양한 책을 접하고 주변에 많은 책을 보유하거나 영어책을 활용할 수 있는 사이트들을 꿰뚫고 있다면 동화 활용 영어교육에 매우 효과적일 것입니다.

온라인이나 오프라인상에서 영어동화 활용 수업은 어휘나 문장의 수를 늘리는 데 급급한 것이 아니라 많은 듣기와 읽기를 통해 학습한 영어가 어떤 의미를 지니고 어떻게 사용되는지를 실제 쓰이는 생생한 문맥 속에서 직접 보고, 읽고 느낄 수 있는 효과적인 방법입니다.**

---

* 이지영(2017), 〈야무지고 따뜻한 영어교육법〉, 오리진하우스
** 고광윤(2020), 〈영어책 읽기의 힘〉, 길벗.
  Lexile : 읽기테스트를 거쳐 갖게되는 읽기 역량 점수
  AR: 책에 포함된 단어의 난이도나 분량, 주제 등을 고려한 독서 난이도 지수

 FROGGY GETS DRESSED	눈싸움하기 전에 옷을 단단히 챙겨 입는 것은 생각만큼 쉽지 않다. 양말, 부츠, 모자, 털장갑, 목도리, 코트, 바지, 셔츠…. 프로기(Froggy)는 과연 옷을 다 입고 눈싸움을 할 수 있을까? 어린 개구리가 동면해야 할 때 옷을 입는 것에 관한 책입니다. 'put on your jacket' 단원의 의상과 관련된 어휘 학습을 할 수 있고 귀엽고 유머러스한 이야기에 학생들이 이야기 속으로 빠져들어 갈 수 있는 유용한 책입니다.
 HI! FLY GUY	FLY GUY는 가장 유명한 초보 독자를 위한 책으로 명예로운 GEISEL를 수상했습니다. 태드(TEDD)는 뉴욕 엘 미라에 살고 있습니다. "파리가 날고 있는데 맛있는 먹을 것을 찾고 있습니다. 그때 한 소년이 무엇인가를 찾으며 걷고 있습니다. 그는 어메이징 펫 쇼를 위한 무언가를 찾고 있는데, 소년과 파리가 만나 아름다운 우정을 시작합니다. 학생들이 매우 흥미있게 생각하는 유머러스한 이야기로 동작에 관한 짤막한 영어 표현들을 익힐 수 있습니다.
 BRIEF THIEF	불쌍한 도마뱀 레온은 사방을 두리번거리며 무엇인가를 찾습니다. 그는 근처 나뭇가지에 매달려있는 낡은 속옷 한 벌을 발견하고 이를 "그의 일을 마무리"하는 데 사용합니다. 그가 덤불 뒤에 속옷을 버리자 어떤 목소리가 들립니다. 그것은 Leon의 양심에서 "당신이 나쁜 일을 할 때마다 머릿속에서 들리는 작은 목소리." "… 언제부터 다른 사람의 물건을 만져도 되나요?" 도마뱀 레온의 똥과 속옷에 얽힌 유머러스한 이야기입니다.
 PRESS HERE	이 책의 표지에 있는 노란색 점을 누르고 그 안에 있는 지침을 따르고 마법의 여정을 시작하십시오! 이 놀라운 책의 각 페이지는 독자가 점을 누르고, 페이지를 흔들고, 책을 기울이고, 다음에 무슨 일이 일어날지 누가 알도록 지시합니다. 점이 여러 개로 늘어나고 방향이 바뀌고 크기가 커지면서 아이들의 상상력과 상호작용의 힘에 대한 이 독특한 그림책으로 지시하는 문장을 익히는 데 적합한 책입니다.
 The Giving Tree	"작은 나무가 있었는데…." 그녀는 어린 소년을 사랑했습니다. 매일 그 소년은 사과를 먹기 위해 나무에게 오고, 나뭇가지에서 스윙을 하거나, 트렁크 아래로 미끄러져 내려갑니다. 그리고 나무는 행복했습니다…." 이 이야기는 슬픔에 휩싸일 수도 있지만, 위로와 함께 만족과 행복을 느낄 수 있는 이야기입니다. 모든 연령대의 독자를 위한 기부의 은사에 대한 아름다운 이야기입니다. 교과서 story time에 나와 역할놀이와 연계해서 지도할 수 있는 책입니다.

 JASPER'S BEANS TALK	주인공 Jasper는 붙임성 있는 고양이과의 캐릭터입니다. 월요일에 콩을 주운 Jasper가 화요일 날 그 콩을 심었구요, 수요일에는 물을 주고, 목요일에는 밭을 고르고, 약도 치고, 괭이질도 했습니다. 금요일 밤에는 달팽이도 잡아주고, 토요일 날에는 콩을 심은 지 얼마 되지 않아 깨끗한 밭인데도 불구하고 풀을 베어주기까지 합니다. 콩을 심고, 가꾸고 자라는 과정의 상세한 그림과 더불어 귀여운 캐릭터의 Jasper도 훌륭하지만, 읽기를 시작한 어린이들에게 스스로 책을 읽을 수 있는 성취감을 느끼게 해줄 수 있는 좋은 책입니다.
 Today is Monday	즐거운 식사 시간. 고슴도치, 뱀, 코끼리, 펠리컨, 여우 등이 자기가 좋아하는 음식을 요일에 따라 소개하고 있습니다. 월요일에는 고슴도치가 초록색 콩을 먹고, 화요일에는 뱀이 스파게티를 먹고, 수요일에는 코끼리가 긴 코로 죽을 먹고… 일요일에는 원숭이가 색깔의 아이스크림을 먹습니다. 요일과 음식을 가르칠 때 반복 패턴이 있어서 쉽게 적용할 수 있습니다.
 GO AWAY, BIG GREEN MONSTER!	초록색 괴물의 모습을 통해 눈, 코, 귀, 얼굴 등 신체와 색에 관련된 영어를 배워나가는 어린이 그림책. 한 장 한 장 넘기면서 초록색 괴물의 모습을 완성시켰다가 다시 하나씩 없애가는 식으로 구성된 이야기가 쉬우면서도 재미있습니다. 아이들이 직접 종이를 넘기면서 영어를 따라 할 수 있을 뿐 아니라 엄마와 함께 하는 놀이책으로 사용할 수 있습니다. 작가 에드 엠벌리(Ed Emberley)의 칼데콧상을 수상한 책으로 색깔, 몸, 크기에 관한 어휘를 배울 수 있습니다.
 One Gorilla	첫 장을 펼치면 한 마리의 사랑스러운 고릴라가 있습니다. 마치 타잔과 제인이 나오는 정글에 사는 고릴라죠. 그리고 사랑스러운 고릴라와 두 마리의 나비가 갖가지 아름다운 꽃들과 풀들로 가득한 들판에 있구요. 이어서 고릴라와 사랑스러운 앵무새 세 마리가 아름다운 집에 있답니다. 자연스럽게 책을 읽으면서 1부터 10까지의 숫자를 영어로 배워볼 수 있고 고릴라, 나비, 앵무새, 판다, 다람쥐 등 여러 동물의 이름, 거기에다가 울타리, 숲속, 바다, 정원 등의 장소에 관한 단어도 자연스럽게 가르칠 수 있습니다.
 See you later, Alligator!	원색의 화려한 그림 속에 크고 뾰족한 입이 책 사이를 뚫고 얼굴을 들이미는 모습이 매우 인상적인 책입니다. 그림책과 인형(puppet)을 하나로 묶어 아이들의 호기심을 이끌 뿐 아니라 아이들 스스로 puppet을 움직여 봄으로써 적극적인 책 읽기를 유도합니다. 청소, 빨래, 요리 등 집안일은 끝도 없이 이어지는데 Alligator(미국산 악어)는 도대체 Crocodile(아프리카, 아시아산 악어)를 도와주질 않네요. 이 책은 재미있는 놀이책의 형식을 띠면서도 협동심 등의 교훈을 담고 있고 영유아와 초기 영어 학습자들에게 인사, 부탁, 거절 등의 단어와 문장을 가르칠 수 있습니다.

Chocolate Mousse For Greedy Goose	동물들의 식사 시간에는 어떤 일이 벌어질까요? 문장은 라임을 가득 담고 있어서 꼬리에 꼬리를 물고 이어지며, 소리 내어 읽으면 더욱 재미있는 그림책입니다. 또한 음식과 동물이 함께 나와 아이들의 흥미를 끌기에 충분합니다. 음식과 동물, 간단한 어휘와 문장을 학습할 수 있는 흥미진진한 책입니다.
365 PENGUINS	〈펭귄 365〉는 새해 첫 날부터 12월 31일까지 날마다 벌어지는 해프닝을 통해 일상과 밀착된 수학 이야기를 유쾌하게 풀어냅니다. 시각적인 구성이 돋보이는 이 그림책은 오렌지색과 연주황색, 파란색, 검은색 등 단순히 몇 가지 색만을 이용하여 인상적이며, 365마리나 되는 펭귄을 다양한 동작과 표정으로 그려 넣어 즐거움을 주는 책으로 수학, 환경과 연계하여 즐겁게 가르칠 수 있는 영어동화입니다.

제4장

매크로 기법 활용하기

01. Macros 기법이란

매크로(macro)란 '대량의'라는 뜻의 접두어입니다. 컴퓨터 용어에서는 여러 개의 명령을 묶어 하나의 명령으로 만든 것을 뜻합니다. 간단히 말하면 반복되는 작업을 하나로 묶어 자동화시키는 것이 매크로기능입니다. 이 기능은 특정 동작을 빠르게 처리하기 때문에 한컴오피스 한글, 마이크로소프트 엑셀 및 파워포인트 등의 문서 작업에서 유용하게 활용되고 있습니다.

종종 매스컴에 매크로 기능을 편법적으로 활용한 사례가 보도되곤 합니다. 온라인 공연티켓 구매, 온라인 수강신청, 온라인 수업수강에 매크로가 활용되기 때문입니다. 자동화 명령어 프로그램(매크로)을 만들어 매번 클릭하지 않아도 원하는 시간에 알아서 접속, 구매, 신청, 수강을 완료해줍니다.

여기서는 매크로 기능을 교육적으로 활용할 수 있는 방법을 탐색하고자 합니다. 선생님들에게 영어수업에 잘 활용하는 소프트웨어를 선택하라고 하면 파워포인트를 빼놓을 수 없을 것입니다. 파워포인트는 수업 안내, 목표언어 제시, 영상 제시, 게임 등 다양한 교수학습 활동 제작에 활용됩니다. 하지만 발표회나 보고회에서 보듯이 파워포인트는 한사람 또는 한 팀이 다수를 대상으로 설명할 때 유용합니다. 이런 면에서 파워포인트는 발표자의 설명에 따라 청중이 보고 듣고 이해하는 단방향 의사소통에 적합한 도구로 보입니다. 교실 수업 상황에서도 제시-반복 연습 위주의 교사 중심 수업 방식으로 치우칠 수 있습니다. 하지만 파워포인트에 매크로 기능을 결합하면 교사와 학생, 학생과 학생 상호작용을 높이고 학생의 참여가 활발한 수업 상황을 만들 수 있습니다.

매크로 기능을 적용하지 않은 파워포인트에서는 슬라이드쇼(on screen)에서 교사가 물체를 원하는 방향으로 움직일 수 없어 자연스럽게 대화를 하는 것이 어렵습니다. 물체를 움직이는 애니메이션 기능이 있지만, 이 기능은 미리 계획한 대로만 움직이기 때문에 학생들의 다양한 생각과 표현을 이끌어낼 수 없습니다. 반면에 매크로 기능을 활용하면 슬라이드쇼에서 교사가 컴퓨터 화면 위의 그림과 물건을 원하는 방향으로 움직일 수 있습니다. 학생들의 반응에 따라 화면의 물체를 자유롭게 움직이기 때문에 대화를 주고받는 학습 상황이 실제 의사소통과 비슷한 상황으로 바뀌게 됩니다. 이런 점은 파워포인트의 매크로기능이 영어수업과 학습에 효과적으로 사용될 수 있음을 보여줍니다.

학생들의 반응에 따라 그림을 움직이며 이해도 확인, 의미협상, 의미있는 듣기, 말하기, 읽기, 쓰기 연습을 할 수 있습니다. 가구를 배치하며 전치사 연습하기, 움직이는 물체의 방향 말하기, 드라마, Storytelling, Chess, Board Game (Battle Ships, Scramble) 등의 활동을 할 수 있습니다.

02. 수업에서 Macros 활용하기

언어기능	듣기, 말하기, 읽기, 쓰기
활동 형태	전체활동
준비물	교사 컴퓨터, 매크로 파워포인트 파일
활용 방법	상황 소개, 역할놀이, 복습게임

컴퓨터 용어에서 '매크로'란 반복되는 작업을 자동화시키는 기능입니다. 이 기능을 활용해 파워포인트의 슬라이드쇼 모드 화면에서 물체를 교사가 원하는 대로 움직이거나 문장을 수정할 수 있습니다. 이를 위해서는 물체나 문장 상자에 각각의 기능을 수행할 수 있는 코딩 명령어를 입력하는 전문적인 과정이 필요합니다. 그러나 코딩 명령어가 미리 입력된 파워포인트 파일을 다운받아 활용하면 명령어 입력 과정을 거치지 않고도 쉽게 사용할 수 있습니다.

파워포인트의 혁신적인 기능인 매크로를 활용하여 교실에서 유의미한 상호작용 상황을 구현해 낼 수 있습니다. 여기서는 파워포인트의 슬라이드쇼 모드에서 1. 물체를 움직이게 하는 방법과 2. 매크로 기능이 물체를 움직이게 하는 방법과 매크로 기능이 입력된 텍스트 상자 편집 방법에 대해 알아보고자 합니다. 이 기능을 잘 익혀 슬라이드쇼 화면에서 인물이나 사물을 움직이며 학생들의 적극적인 참여가 있는 영어수업을 설계해보는 건 어떨까요?

1. 진선미초등영어교육연구회 블로그에서 매크로코딩이 입력된 파워포인트 파일을 다운받습니다(3가지).

이름	수정한 날짜	유형	크기
01macro for teachers	2020-08-31 오후 4:33	Microsoft PowerP...	598KB
02macro for scrabble		oft PowerP...	2,213KB
03macro for battleshi		oft PowerP...	1,138KB

유형: Microsoft PowerPoint 매크로 사용 프레젠테이션
크기: 597KB
수정한 날짜: 2020-08-31 오후 4:33

마우스를 갖다 놓으면 매크로가 적용된 파일은 '매크로사용 프레젠테이션'이라고 뜹니다.

※ 다운로드가 안 될 경우 withlec@naver.com로 문의 주시면 파일을 보내드립니다.

2. 활동 목적에 맞는 파일을 선택하고 편집 모드로 들어갑니다.

　(예 파일: 01macro for teachers)

3. 1 매크로를 적용하여 슬라이드쇼의 물체 움직이기
가. 편집 모드의 두 번째 슬라이드에서 움직임을 줄 물체(비행기)를 선택하고 실행을 클릭

　(비행기 → 삽입 → 실행)

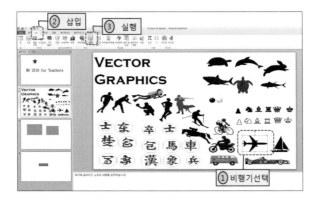

나. 실행설정에서 매크로 실행의 "Drag and Drop"을 선택하고 확인

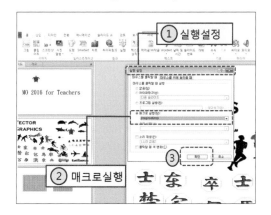

다. 슬라이드쇼 상태로 들어가서 매크로를 설정한 물체(비행기)가 마우스로 잘 이동되
　는지 확인

(슬라이드쇼 → 비행기 왼쪽 마우스 1번 클릭 → 원하는 곳으로 마우스 이동(3초 이내))

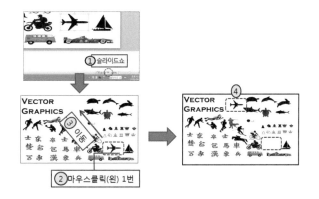

3. 2 매크로가 적용된 텍스트 상자 편집하기

가. 코딩 명령어(Visual Baisic) 창 들어가기

　-　+　단축키로 들어가거나 텍스트 상자를 더블클릭하여 코딩 창 띄우기

나. Slide12 클릭 → 속성-TextBox1에서 [TextBox1 TextBox] 선택(편집 창 나타남)

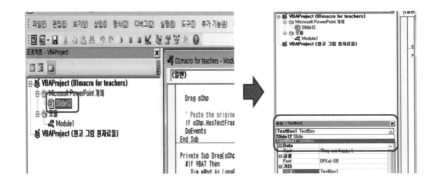

다. 속성의 TextBox1 창에서 해당 속성을 수정하여 편집할 수 있다.

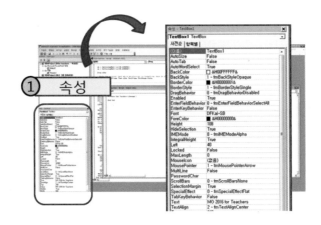

1) 글상자크기 조정은 편집 모드 화면에서 마우스로 조정 가능

2) 글꼴(글자크기, 스타일, 효과) 조정은 Font를 더블클릭 후 수정

3) 글자색 조정은 ForeColor 더블클릭 후 수정

4) 글상자선색 조정은 BorderColor 더블클릭 후 수정

5) 문장정렬은 Textalign에서 수정

※ 텍스트 상자 내용 편집은 슬라이드쇼에서만 가능함(편집모드에서는 문장 수정 불가)

연습하기

• 01macro for teachers 파일 안에 있는 다른 물체들도 위 방법으로 매크로 기능을 설정하여 움직임을
만들어봅시다.
• 다운받은 다른 파일을 열어서 매크로 기능이 어떻게 적용됐는지 확인해 봅시다.

새로운 물체를 삽입해 움직이려면 이렇게

① 원하는 그림/사진을 저장 매체(컴퓨터 하드 또는 USB)에 저장

② 매크로코딩이 입력된 파워포인트 파일을 열고 저장한 그림 불러오기

 (삽입→그림→저장 파일 선택)

③ 그림에서 원하는 부분만 보이도록 배경 제거하기

> 그림 왼쪽 마우스로 클릭 → 그림 도구 → 서식 → 배경 제거 (그림편집 상자 마우스 조작 또는 보관+/
>
> 제거- 탭 활용 배경화면 제거) → 변경내용유지(배경 제거 완료)
>
> ※ 그림편집 상자에서 제거될 영역은 자주색으로 변한다.

※ 배경 제거하기는 인터넷에서 파워포인트 사용법을 검색하면 더 자세히 알 수 있다.

④ 배경이 제거된 그림/사진에 매크로 기능 적용하기

 (그림 클릭 → 삽입 → 실행(설정) → 매크로 실행(drag and drop) → 확인 → 슬라이드쇼)

슬라이드쇼에서 물체 옮기는 시간을 조정하고 싶을 때

① 코딩명령어(Visual Baisic) 창 열기: Alt + F11

② 왼쪽 VBAProject 안내창 활성화: 모듈 폴더 → Module1 더블클릭

③ 초값 변경 명령어 찾기 Const DropInSeconds = 3 → '초'값 변경하기(완료)

제한사항

- 물건을 움직이는 기능과 텍스트수정 기능이 동시에 작동되지 않습니다.
- 매크로 기능은 MS-office에서만 가능하고, 한쇼 프로그램에서는 매크로 기능이 작동되지 않습니다.

제5장

원어민 화상 수업을 통한 영어수업

01. 온라인 원어민 화상 수업이란?

온라인 원어민 화상 수업은 정규 수업시간에 온라인으로 연결된 원어민교사와 담임교사와의 협력 수업을 통해 학생들의 의사소통능력 향상을 도모하는 수업을 말합니다.

각 시·도교육청에서 온라인 원어민 화상 수업을 도입하게 된 목적은 원어민 영어교사를 만나기 어려운 농어촌 및 벽지학교와 저소득층의 학생들을 대상으로 원어민교사와 수업을 통해 실용영어에 대한 접근을 용이하게 하고 영어교육의 격차를 해소하기 위함입니다.

또한, 정보기술을 활용하여 한 원어민교사가 5~6개 이상의 학교에서 정규수업을 진행할 수 있어 적은 비용으로 높은 효율을 추구하는 영어교육을 실시할 수 있습니다. 보통, 한 원어민교사가 두세 개 학교의 영어수업을 담당하고 있는 경우가 많은데, 온라인 원어민 화상 수업의 경우 두 배 이상의 영어수업을 가능하게 합니다.

2020년 현재 온라인 원어민 화상 수업을 운영하는 시·도 교육청은 경상북도교육청과 전라북도교육청, 광주광역시교육청이며 다른 시도교육청의 경우 2010년 이후 운영을 계속해 오다가 지금은 원어민 화상 수업 운영을 하지 않고 있습니다.

경상북도교육청은 2011년부터 원어민 화상 영어수업을 실시하였으며 2019년 12월에 실시한 학생과 교직원을 대상으로 한 원어민 화상 영어수업에 대한 설문조사에서 학생, 교직원 모두에게 90% 이상의 높은 만족도를 나타냈습니다. 특히 영어로 말할 기회가 적은 농어촌 소규모 학교 학생들에게 영어교육 격차 해소 및 사교육비를 줄이는 데 상당한 역할을 담당하였습니다.

전라북도교육청은 원어민 화상 강의의 형태로 2008년부터 국외 원어민 보조교사와 소그룹으로 이루어진 학생들이 영어로 소통하는 방과 후 영어학습을 지원하고 있으며 영어교육환경이 열악한 지역의 학교를 우선 선정, 지원하여 학교 현장의 긍정적 반응을 얻고 있습니다.

필자가 속한 광주광역시교육청의 경우, 원어민 화상콜센터를 운영하여 여기에 소속된 5명의 원어민교사들이 정규수업, 방과후수업, 정규수업을 마친 이후 학생과의 일대일 수업 등을 담당하고 있습니다. 원어민교사들은 교사의 자격 여부를 교육청에서 검증한 뒤 선발되었기 때문에 한국인교사와의 공동 수업연구, 수업자료 제작 등의 자질은 갖추고 있다고 할 수 있습니다.

코로나19로 인한 전국 초·중·고 온라인 개학이라는 초유의 사태 속에 경북의 한 학교에서는 5~6학년 희망자를 대상으로 등교 수업 전까지 학생들의 영어에 대한 흥미를 유지하고 영어 실력 향상을 위해 원어민 교사와 학생들과의 일대일 온라인 화상 수업을 실시하였습니다.

원어민 화상 수업은 교사교육에서도 활용되었는데 2020년도 인천광역시교육청 교육연수원이 3월부터 8월까지 진행하는 영어교사 심화 연수를 코로나19 감염증 확산으로 인해 비대면 교육방법인 원어민 화상 수업으로 전환해 연수생들의 큰 호응을 얻었습니다.

앞으로 소개하게 될 원어민 화상 수업은 3학년 우리 반 학생들과 창의적 체험 활동 시간에 실시했던 실제 영어수업입니다. 학교에서 영어를 처음 배우기 시작하는 아이들에게 영어에 대한 흥미와 호기심을 갖고 원어민 선생님과 함께하는 생생한 영어를 접할 수 있도록 원어민 화상 수업을 시작하게 되었습니다.

02. 온라인 원어민 화상수업의 실제

가. 준비하기, 홈페이지 가입하기

3월 초에 온라인 원어민 화상 수업 신청을 하고 운영 학급으로 선정이 되어 원어민교사를 배정받게 되었습니다. 처음 통화를 하고 캠을 통해 서로의 얼굴을 확인했던 그 날은 상당히 기분 좋은 설렘이 있었는데, 아이들의 배움을 위해 함께 수업을 준비할 수 있는 동료가 생겼다는 생각 때문이었습니다.

원어민 화상 수업은 광주광역시 창의융합교육원 원어민 화상콜센터 홈페이지가 온라인 원어민 화상 수업 플랫폼이 되며 동시에 원어민, 한국인교사와 온라인 소통 공간이 됩니다.

수업을 시작하기 위해서, 원어민 화상콜센터 홈페이지에 회원가입을 합니다.

회원가입을 하고 들어가면 상단메뉴 중 나의 학습방의 나의 수업일정에 올라온 강의실이 원어민교사와의 화상 수업공간입니다. 원어민교사가 강의실을 개설해 놓으면 한국인교사가 수업 5~7분 전에 입장합니다. 여기서 중요한 점은 한국인교사가 수업 장비를 미리 수업 전에 음향, 영상 등 실시간 수업이 가능하도록 확인하는 것입니다. 다시 말해, 앞 시간 수업을 마치고 짧은 쉬는 시간에 장비를 미리 갖춰놓고 확인하는 과정이 꼭 필요하니 준비시간을 확보하는 것이 중요합니다.

원어민 화상 수업은 다수의 학생들, 한국인교사 그리고 실시간 화상으로 만나는 원어민교사와 함께하는 수업이므로 화상 수업 환경을 제대로 갖추지 못하면 수업내용이 학생들에게 제대로 전달되지 못하기 때문에 수업 전 준비하기는 강조하고 싶은 부분입니다.

나. 장치 준비하기

화상 수업을 가능하게 하는 장치는 바로 conferencecam이라고 불리는 화상캠입니다. 리모컨을 조작하여 동그란 원형 모양의 카메라를 상하좌우로 움직이게 할 수 있으며 원어민 교사가 화상 수업에서 학생들의 모습을 볼 수 있도록 하는 장치입니다. 본체에는 전원케이블과 컴퓨터에 연결할 수 있는 USB 케이블이 연결되어 있습니다.

아래의 왼쪽 사진이 화상 캠이고 오른쪽 사진은 화상 수업공간의 모습입니다.

다. 수업 준비하기

일주일에 한 시간 창의적 체험활동 수업 때 시작한 원어민 화상영어수업이기 때문에 수업 준비하기 전에 원어민교사와 소통이 필요합니다. 코로나19 확산으로 인한 원격수업의 경우에는 녹화된 영상으로 대체하고 등교수업의 경우에는 온라인 수업을 실시하였습니다.

1) 1학기 온라인 원어민 화상수업 계획

순	수업내용	자료
1	원어민 선생님 소개	온라인 학습 영상
2	Alphabet A~I, 첫 인사 표현 익히기	온라인 학습 영상
3	Alphabet J~S, 안부 묻기	온라인 학습 영상
4	Alphabet T~Z, 무슨 물건인지 묻고 답하기	화상 수업
5	Alphabet Bingo, song	화상 수업
6	Phonics 1	온라인 학습 영상
7	Phonics 2, book(Hop on Pop)	화상 수업
8	Phonics 3, 좋아하는 과일 묻고 답하기	화상 수업
9	Phonics 4, 동물 수 묻고 답하기	온라인 학습 영상
10	Phonics 5	화상 수업
11	Phonics 6	화상 수업

2) 원어민교사와 수업 협의

원어민교사와 수업 협의는 수업 2~3일 전에 필요한 자료와 내용, 방법 등을 메신저나 메일을 통해 주고받으며 이뤄졌습니다.

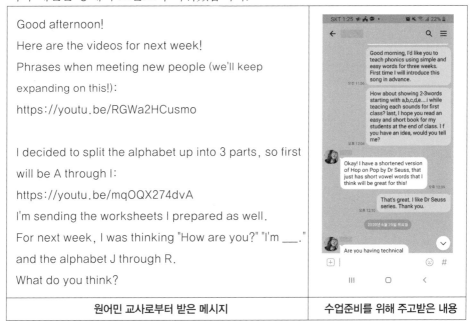

원어민 교사로부터 받은 메시지	수업준비를 위해 주고받은 내용
Good afternoon! Here are the videos for next week! Phrases when meeting new people (we'll keep expanding on this!): https://youtu.be/RGWa2HCusmo I decided to split the alphabet up into 3 parts, so first will be A through I: https://youtu.be/mqOQX274dvA I'm sending the worksheets I prepared as well. For next week, I was thinking "How are you?" "I'm ___." and the alphabet J through R. What do you think?	

라. 수업의 실제

1) 온라인 수업

우리 반 아이들은 원격 수업으로 원어민 선생님을 처음 만났고 원격학습 플랫폼인 이 학습터에 원어민 선생님께서 보내주신 영상과 학습지를 올려 학습하도록 하였습니다. 교실에서 얼굴을 마주하고 하는 수업이 아니었기 때문에 학생들이 가정에서 활동지를 출력해서 풀어오게 하거나 학급 홈페이지 과제방에 아이들이 학습한 내용을 가지고 댓글 달기 등으로 학생들의 학습과정에 대한 피드백을 주기 위해 노력하였습니다.

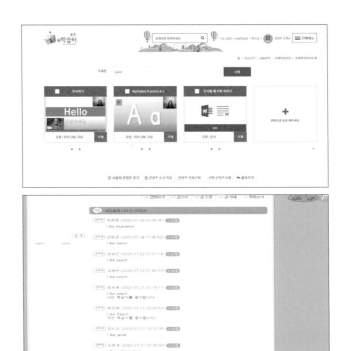

2) 원어민 화상 수업

우리 반 아이들은 교사인 제가 화상 수업을 위해 화상 캠 장치를 꺼내 수업준비를 하게 되면 수업에 대한 기대감을 나타냅니다. 원어민교사와 색다른 수업방법이 재미있기도 하고 오늘은 무엇을 배울까 하는 아이들의 설렘이 있는 것 같습니다.

아래의 사진은 파닉스 두 번째 시간으로, 원어민교사가 들려주시는 낱말에서 빠진 알파벳을 찾아보고 이어서 닥터 수스의 책 〈Hop on Pop〉를 읽었습니다.

3) 영상 수업 자료

순	내용	영상
1	알파벳 익히기	https://youtu.be/mqOQX274dvA https://youtu.be/lY9Eztth5lE https://youtu.be/Mjiy245ubQU
2	첫인사	https://youtu.be/RGWa2HCusmo
3	안부 묻고 답하기	https://youtu.be/YsSy5nUgudo
4	감정을 나타내는 말 익히기	https://youtu.be/xYJlcv-apWY
5	무슨 물건인지 묻고 답하기	https://youtu.be/iFaowPvxl5k
6	좋아하는지 묻고 답하기	https://youtu.be/LzzTDVDP4D8

마. 수업 돌아보기

원어민 선생님과 실시간으로 만나는 화상수업을 무척 흥미있게 생각하고 그 시간을 기다리는 아이들을 보면서 담임교사로서 원어민 화상수업 신청하기를 잘했다는 생각이 들었습니다. 1학기를 마무리하며 만들었던 학급신문에도 원어민 선생님과의 화상수업을 기억에 남는 일로 꼽은 아이들이 제법 많이 있었습니다.

계획과 준비과정에서 수업 주제와 방법, 교수학습 자료 등을 서로 이야기하고 수업에의 적용, 검토하는 과정을 거치면서 영어 교사로서의 배움과 성장이 있었고 원어민 선생님은 성실한 태도로 아이들과의 만남을 준비했습니다. 수업이 시작되면 원어민 선생님의 칭찬과 적극적인 반응에 교실은 아이들의 밝은 표정과 웃음소리로 금새 꽉 차게 되었습니다. 이 지면을 빌어 화상수업을 함께 해 주신 원어민 선생님에게 감사의 마음을 드립니다.

원어민 교사와의 협력 수업에 관심이 있고 아이들에게 새로운 매체로의 영어 수업을 소개해주고 싶은 선생님들께 원어민 화상수업을 적극 추천드립니다.

2부

Face to Face

제1장

영어수업

Classroom management

01. 첫 만남의 어색함을 깨볼까? Ice Breaker

언어기능	듣기, 말하기
활동 형태	전체활동
준비물	개인별 그림카드
사용 표현	Hello. My name is~. Nice to meet you.

영어 교과를 10년 넘게 가르치면서 중요하게 생각했던 시간이 바로 3월 영어수업 첫 시간, 아이들과의 첫 만남이었습니다. 이를 위해 많은 시간과 노력을 들이는데 그 시간을 통해 아이들이 앞으로 1년 동안 영어수업에 임하는 바른 태도를 갖게 된다는 것을 알기 때문입니다.

첫 만남을 시작할 때 교사에 대해 간단히 소개하고 아이들에게 학교에서 영어를 왜 배워야 하는지에 대한 필요성에 대해 말해줍니다. 수업에서 학생들이 지켜야 할 규칙에 대해 분명히 설명해줍니다. 구체적인 사례를 들어주면 아이들은 쉽게 이해합니다. 이어서 조금 딱딱해졌을 수업 분위기를 바꾸고 선생님과 아이들, 또는 아이들 서로가 알아갈 수 있는 게임을 하게 되면 아이들 표정이 금세 바뀌게 됩니다.

이것이 바로 ice breaker입니다.

첫 수업 첫 시간에서 사용할 수 있는 세 가지 활동을 소개하겠습니다.

 이렇게 활동해요!

1. 공 주고받으며 소개하기

화면을 통해 세 가지 문장에 대해 간단히 안내한 후에 활동을 시작합니다. 아이들 수준에 따라 1문장으로 하거나 3문장으로 제시할 수 있습니다.

Hello, My name is _____ .
I like _____ .
Nice to meet you.

교사는 탱탱볼을 준비해서 먼저 시범을 보인 후 좋아하는 내용으로 과일(strawberries, melons, apples 등), 운동경기(soccer, baseball, badminton 등), 계절, 색깔 등을 말할 수 있음을 안내합니다. 최대 3문장 추가할 수 있음을 말해주고, 주의사항으로는 절대 공을 세게 던지지 말아야 한다고 알려줍니다.

☆ 활동 방법

1) 교사가 먼저 자기소개를 간단히 하며 두 손을 들고 공 받을 준비를 하고 있는 학생 중 한 명에게 전달한다.
2) 공을 받은 학생이 자기소개를 간단히 하고 다른 친구에게 공을 전달한다.
3) 모든 학생이 자기소개를 마칠 때까지 공을 주고받으며 계속한다.

2. 줄 세우기(Line up) 게임

첫 시간이기 때문에 수업에서 배운 내용도 없고 아이들은 서로에 대해 잘 모릅니다. 적당한 게임을 찾기 쉽지 않을 때 쉽고 간단하게 어색한 분위기를 깰 수 있는 게임이 바로 줄 세우기 게임입니다. 친구들의 생년월일을 손짓 발짓으로 물어보면서 빨리 생일 빠른 순으로 줄을 서는 팀이 이기는 게임입니다.

☆ 활동 방법

1) 교실의 책상을 양옆으로 붙여 게임 공간을 확보한다.
2) 학생들을 두 팀(A팀, B팀)으로 나눈다. 각 팀 당 6명씩 두 줄로 서도록 한다. 전체 학생들이 참여하기 때문에 각 팀의 1, 2조를 만들어 1조 먼저 게임에 참여하고

2조는 1조 다음에 하도록 해서 모든 학생이 참여하도록 한다.

3) 교사의 시작 신호에 맞춰 1월부터 12월까지 생일 달이 빠른 순으로 앞에서부터 서고 순서에 맞게 다 섰으면 자리에 앉는다.

4) 다 함께 생일 달을 확인하고 먼저 정확하고 빠르게 앉은 팀이 이긴다.

3. 빙고게임(Ice Breaker Bingo)

초등 고학년에게 적합한 활동으로 첫 시간 교실을 돌아다니며 친구들에게 묻고 답하며 빙고를 완성하는 게임입니다. 활동지의 표현에 대해 게임 시작 전에 함께 알아보고 묻는 말은 활동지 뒷면에 인쇄하여 아이들이 질문을 활용할 수 있도록 합니다.

☆ 활동 방법

1) 교실을 돌아다니며 만나는 친구 중 한 명에게 활동지의 질문 한 가지를 한다.

2) 친구가 대답을 'Yes'라고 하면 친구의 사인을 해당 칸에 받는다.

3) 친구 한 명에게 한 가지 질문만 할 수 있다.

4) 빙고 칸 중 가로, 세로, 대각선으로 한 줄이 되면 '빙고'라고 외치며 교사에게 확인을 받는다.

5) 추가로 두 줄, 세 줄 빙고를 만들도록 해 게임을 계속한다.

〈활동지의 앞면과 뒷면〉

Ice Breaker Bingo

I have a brother.	I like chocolate.	I have been to Jeju Island.	I have a dog.	I like apples.
I am the youngest in my family.	I ate rice for breakfast	I watched television yesterday.	I like summer.	I like rose flower.
I can ride a bike.	I own a pet.	I like music.	I like running.	I have a sister.
My favorite subject is mathematics.	I can swim.	I like dancing.	I like reading a book.	My favorite subject is P.E.
I like strawberries.	I like winter.	I cut my hair last mouth.	I am the oldest in my family.	I have been to Seoul.

Ice Breaker Bingo

Do you have brother?	Do you like chocolate?	Have you been to Jeju Island?	Do you have a dog?	Do you like apples?
Are you the youngest in your family?	Did you eat rice for breakfast?	Did you watch television yesterday?	Do you like summer?	Do you like rose flower?
Can you ride a bike?	Do you own a pet?	Do you like music?	Do you like running?	Do you have a sister?
Is your favorite subject mathematics?	Can you swim?	Do you like dancing?	Do you like reading a book?	Is your favorite subject P.E.?
Do you like strawberries?	Do you like winter?	Did you cut your hair last mouth?	Are you the oldest in your family?	Have you been to Seoul?

02. 주의집중 구호, Attention Getters

언어기능	말하기
활동 형태	전체활동
준비물	(교사/학생) 종이, 사인펜, 색연필
활용 방법	수업 중 주의 집중 구호

수업시간에 교사를 가장 힘들게 하는 상황은 어떤 것일까요? 여러 가지 상황이 있 겠지만 학생들이 교사의 말을 듣지 않고 떠들고 있는 순간도 그중의 하나일 것입니 다. 어떤 교사는 학생들이 자신의 말을 듣지 않는다며 도저히 수업이 진행되지 않는 다고 하소연합니다. 이렇게 학생들이 소란스럽게 떠들 때 여러분은 어떤 방법으로 학생들의 주의를 집중시키시나요?

주로 처음에는 '조용히 하세요(Keep silent, please)!', '차렷, 집중하세요(Attention! Pay attention, please)!'라고 부드럽고 친절하게 말해보곤 하죠? 그럼 학생들이 교사의 말 을 듣고 조용히 집중해주나요? 대부분의 경우에는 그렇지 않습니다. 조금씩 교사 는 화가 나기 시작하죠. 화가 나다 못해 마음 약한 교사는 울고 싶어지는 순간이죠. 이번에는 좀 더 큰소리로 외칩니다. '이야기 그만하고 나를 봐(Stop talking and look at me)!' 교사의 목소리가 높아지면 그제야 몇몇 학생들은 슬그머니 교사를 쳐다봅니 다. 어떤 학생들은 두려운 표정으로 또 어떤 학생들은 '왜 저래?'하는 표정으로 쳐다 볼 때면 교사는 자괴감마저 들곤 하죠. '내가 여기선 도대체 뭘 하고 있지? 나는 무능 한 교사인가? 나는 또 마음을 다스리는 데 실패했구나!' 여러 가지 부정적인 생각들 이 교사를 괴롭힙니다.

어떤 교사는 다른 전략을 사용해서 떠드는 학생들을 아무 말 없이 쳐다보고 있기 도 합니다. 교사의 눈초리는 차갑고 매섭게 쏘아보고 있겠지요? 화를 억누르려 해보지만 이미 교사의 눈은 떠드는 학생들을 쩨려보고 있습니다. 마음속에는 학생들을 원망하는 마음이 저절로 듭니다. '너희들이 어떻게 그럴 수 있니? 선생님을 무시하는 거야?'라는 마음으로 말이지요. 눈치 빠른 학생들이 '선생님 화났나 봐?'라고 웅성거리며 입을 다물기 시작합니다. 여전히 눈치 없는 몇몇 학생들은 떠들고 있기도 합니다. 교사는 이미 화가 나 있고 교실의 분위기는 싸늘해져 있습니다. 다시 즐거운 분위기로 되돌리기엔 너무 늦었습니다. 아무리 훌륭한 수업내용을 계획했더라도 교실 상황이 학습하기에 적절치 않다면 무용지물이겠지요?

이럴 때 사용하는 주의집중 방법이 영어로 Attention Getters 또는 Attention Grabbers라고 합니다. Attention Getters는 주의집중 구호라고 한국어로 번역하기엔 다소 어색한 면이 있지만, 이 책에서는 그렇게 사용하기로 하겠습니다. Attention Getters의 구조는 주로 교사와 학생이 한 단어나, 구(phrase), 또는 문장을 주거니 받거니 말하는 구조입니다. 이때 말의 재미를 느낄 수 있도록 리드미컬하게 외치도록 하여 학생들의 흥미를 불러일으킬 수 있게 하는 것이 중요합니다. 간단한 손동작도 함께 사용하면 학생들이 더 재미있게 집중할 수 있습니다.

많이 알려져 있는 Attention Getters의 예는 다음과 같습니다.

교사	학생
1, 2, 3 go ! go! go!	1, 2, 3 go ! go! go!
Eyes on me!	Eyes on you!
1,2,3 Eyes on me!	1, 2, 3 Eyes on you!
Class! Class, Class! Oooooh Class!	Yes! Yes! Yes! Oooooh Yes!
Peanut! Peanut! Peanut!	Butter! Butter! Butter!
Pop corn! Pop corn! Pop corn!	Pop corn! Pop corn! Pop corn!
Waterfall says!	Shhhhhhhh~~~
Hocus Pocus!	Everybody Focus!
Mac and Cheese!	Everybody Freeze!
Hands on top!	Everybody Stop!
All set?(clap,clap,clap)	You Bet!(clap,clap,clap)
Ready to rock?	Ready to roll!
To infinity!	And beyond!
Spaghetti	Meatballs
Chicka, chicka!	Boom, boom!
When I say PEACE, you say QUIET. Peace…	Quiet!
Eenie Meenie	Minie moe!
Ready to listen?	Ready to learn!

이처럼 아주 다양한 Attention Getters가 있습니다. 이런 표현 중에서 교사와 학생들이 서로 협의하여 한 달에 한 가지씩 정해서 사용하는 것도 좋습니다. 또는 학생들에게 직접 새로운 주의집중 구호를 만들어 보게 한다면 학생들이 자신들이 만든 구호에 더 애정을 갖고 사용할 수도 있습니다. 좀 더 재미있게 하는 방법으로는 주의

집중 구호 만들기 콘테스트를 열어 거기에서 선정해보는 것도 좋습니다. 만들어진 구호를 학생들이 스스로 적어보게 하여 교실 환경을 꾸며보세요! 시각적으로도 멋진 구성이 되고 학생들이 구호에 자주 노출될 수 있어서 기억하기도 쉽겠죠?

구호를 재미있게 외치려면 구호의 발음과 억양과 강세 등을 잘 알아야 하겠죠? 구호를 리드미컬하게 외치는 것을 직접 듣고 싶다면 유튜브에서 쉽게 영상을 찾을 수 있습니다. 학생들과 같이 영상을 보는 것도 효과적일 것입니다.

더 이상 교사 혼자 절망하거나 소리 지르지 말고 즐겁게 학생들과 함께 외쳐보세요!

유튜브 참고영상 https://youtu.be/Hd6Fm0HbeO8

이미지출처: thecorecoaches.com · The Core Coaches (Tatum, Amy, & Emily) create read-aloud lessons on popular children's books and provide texts on trendy topics that motivate reluctant writers.

03. 영어 스트레스 제로, Brain Breaks

언어기능	말하기, 듣기
활동 형태	전체활동 또는 모둠활동
준비물	유튜브
활용 방법	명사, 동사, 형용사 익히기

지루한 오후, 졸음이 가득한 교실, 이럴 때는 교사가 아무리 좋은 내용을 가르치려고 계획을 했더라도 학생들을 수업에 집중시키기가 어렵습니다. 우격다짐으로 수업을 계속 진행하기보다는 차라리 잠시 수업을 멈추고 쉬어가는 것도 좋은 방법이 될 것입니다. 이럴 때 할 수 있는 활동을 브레인 브레익스(Brain Breaks)라고 합니다. 굳이 한국어로 번역하자면 '뇌 휴식시간' 정도가 될 것입니다. 브레인 브레익스 활동은 간단한 신체 움직임이나 노래부르기 활동이 많습니다. 신체 움직임은 혈액순환을 돕고 뇌에 산소를 공급함으로써 다시 에너지를 얻게 해준다고 합니다. 노래의 경우에는 멜로디 구조가 간단할수록 스트레스 호르몬을 낮춰준다고 합니다. 학생들의 뇌를 쉬게 하고 환기시킴으로써 졸음과 지루함에서 벗어날 수 있게 하는 몇 가지 신체 활동과 노래를 가미한 활동을 소개합니다. 유명한 브레인 브레익스 활동이 유튜브에 많이 있습니다. 소개하는 활동을 보시고 선생님 나름대로의 브레인 브레익스 활동을 만들어 보는 것도 좋을 것입니다.

1. Move and Freeze

(출처: https://www.youtube.com/watch?v=gE7zCfxJ7bE)

학생들은 동영상을 보며 간단한 노래에 맞추어 가사대로 몸을 움직인다. 가사를 살펴보자!

Come on, move and freeze.

(자! 움직이세요! 멈추세요!)

이 부분의 노래를 부를 때는 가사처럼 몸을 자유롭게 흔들다가 멈추게 한다. 학생들이 움직임에 부담을 갖지 않도록 작게 또는 크게 자신이 움직이고 싶은 만큼 움직여도 된다고 미리 허용적인 분위기를 조성한다. 흥겨운 리듬에 맞춰서 노래를 부르며 가사의 내용처럼 움직인다.

| 가사 소개 |

Come on, move and freeze × 4

Put your right hand on your left knee, your left hand on your right.

Your knees move in an out. Your hands stay tight.

Now, keep on with your moving but switch hands on your knees.

Keep on moving in and out till we say freeze.

Come on, move and freeze × 4

Put one hand across your shoulder one hand across your back.

Now jump in place.

Do you like it like that? (Yeah~)

Now switch hands across your shoulder and switch hands across your back.

Now just be nimble. Just ve quick, just like Jack. - 중략 -

2. Count and Move

(출처: https://www.youtube.com/watch?v=c63GSu3oWns&t=53s)

숫자를 세면서 신체활동을 하는 활동이다. 신체의 명칭을 배울 때 활용하면 좋다. 가사를 살펴보면 'Ready? Now pat your shoulders 13, go! (어깨를 13번 두드리세요!) 1, 2, 3, 4, 5, 6, 7, 8, 9, 10, 11, 12, 13 (숫자를 세면서 어깨를 13번 두드린다.)'

'pat ~ shoulders' 대신에 'clap ~ hands', 'tap ~ nose', 'hop ~ one foot', 'touch ~ toes', 'stamp ~ foot', 'pull ~ ears' 등의 다양한 동작을 하게 하면서 숫자를 세는 재미가 있다.

3. Wiggle it

(출처: https://www.youtube.com/watch?v=dh-9k8XfLzY)

간단한 멜로디가 반복되고 있으며 가사가 주로 'fast, slow' 형용사 등을 익힐 수 있다.

| 가사 소개 |

Wiggle it, wiggle it, come on, come on

Wiggle it, wiggle it

wiggle it, wiggle, it, come on, come on

wiggle, it, wiggle it, wiggle it, hey!

Wiggle it really fast

wiggle it really slow

wiggle it really high

wiggle it really low - 중략 -

04. 영어수업 탈출, Exit Ticket

언어기능	목적에 따라 4skills를 선택 활용
활동 형태	개인 활동
준비물	Good-bye song
사용 표현	차시 핵심표현

영어수업에서 학생들이 그 시간에 배운 내용을 잘 이해했는지 확인하고 피드백하는 것은 중요합니다. 이것은 학생들의 학습 결손을 방지하고 교사의 수업 방향을 수정할 수 있게 하는 계기가 되기 때문입니다. 그러나 학급의 모든 학생의 이해도를 일일이 확인하기란 쉬운 일이 아니지요. 여기 짧은 시간에 효율적으로 학생들을 평가할 수 있는 방법을 소개합니다.

수업을 마치고 영어 체험실을 떠날 때 학생들을 모든 소지품을 챙긴 채 교실 문에 줄지어 서게 하고, 교사는 교실 문과 학생들 사이에 섭니다. 교사가 학생들을 문을 통과시킬지 표를 검사하는 역무원이 되는 것이지요. 오늘 핵심표현의 이해도가 곧 'Exit ticket'. 이러한 활동을 통해 학생들은 평가에 대한 거부감 없이 오늘의 학습을 복습할 수 있고, 문을 통과할 때의 성취감을 느낄 수 있습니다. 또한 교사는 개별 학생들의 배움 과정을 평가할 수 있으며 그들의 피드백 계획도 세울 수 있습니다.

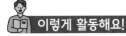

1. 교사와 학생은 수업 마무리 인사를 합니다. 필요에 따라 Good bye song을 틀어 활동을 알리는 신호를 줍니다.
2. 학생들은 교실 뒤편에 줄을 서고, 교사는 교실 뒷문과 학생들 사이에 섭니다.
3. 학생들은 한 명씩 교사와 그날 수업의 핵심표현에 대해 묻고 답합니다.
5. 대화 후 교사와 하이파이브를 하고(Exit ticket 획득!) 교실 문을 통과합니다.

 바로 쓰는 꿀팁!

1. 질문할 때 교사는 수업 중 활용했던 자료들을 보여주며 이해를 도울 수 있습니다.
2. 저학년 학생의 경우 Good bye Puppet을 사용하여 Puppet과 대화하게 할 수 있습니다. 학생들은 Puppet과의 하이파이브를 더 기대할지도 몰라요.
3. 읽기, 쓰기 수업의 경우 실제로 프린트된 Exit ticket을 나눠주고 핵심단어 또는 표현을 적어서 제출 후 문을 통과하게 할 수 있습니다. 또는 ticket에 확인 문제를 내거나 스스로의 이해도를 단계로 표시하게 하는 등 다양한 Exit ticket의 형태를 고안할 수 있어요.
4. 하이파이브 외에도 주먹 인사, 포옹 등 다양한 인사를 활용할 수 있어요. 학생 개인별 인사법을 정하게 하여 특별하게 인사해주는 것도 교사와의 친밀감을 높여줍니다.

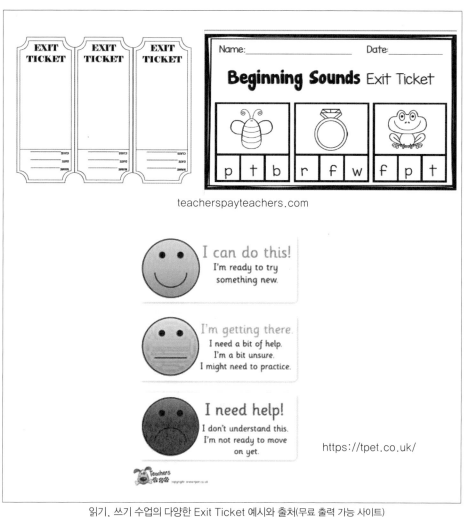

읽기, 쓰기 수업의 다양한 Exit Ticket 예시와 출처(무료 출력 가능 사이트)

제2장

듣기 놀이

01. 가라사대, Simon says

언어기능	듣기
활동 형태	개인 및 전체활동
사용 표현	Stand up, Go to the window, Open the window, Close the window, Go back to your seat

 이렇게 활동해요!

3학년에 올라와 처음 영어를 접하는 친구들이 가장 좋아하는 놀이 활동입니다. 간단한 명령어를 배울 때 자주 쓰는 우리 말로 하면 '가라사대' 게임과 같아요. 교사가 명령어 앞에 Simon says를 하면 명령대로 행동하고 Simon says를 하지 않으면 절대 명령대로 하면 안 돼요. 대부분 의자에 일어나서 활동하는데 아웃이 되면 앉아서 명령대로 따라 합니다.

① Simon says "Stand up please"

Simon says "Go to the window please"

Simon says "Open the window please"

Simon says "Close the window please"

Simon says "Go back to your seat please."

② Simon says "Stand up please"

Simon says "Turn right, turn around"

Simon says "Turn left, turn around"

Simon says "Raise your left hand please"

Simon says "Raise your right hand please."

Simon says "Put down your hands please."

③ Simon says "Point to the ceiling please"

Simon says "Point to the floor please"

Simon says "Point to the flag please"

Simon says "Point to the mirror please"

Simon says "Point to the air cleaner please"

Simon says "Point to the tv please"

④ Simon says "draw a circle please"

Simon says "draw a triangle please"

Simon says "draw a heart please"

Simon says "draw a star please"

Simon says "draw a diamond please"

⑤ Simon says "play soccer"

Simon says "play badminton"

Simon says "play baseball"

Simon says "play basketball"

Simon says "play tennis"

⑥ 틀린 아동은 자기 자리에 앉아서 행동하게 한다.

⑦ 마지막 남은 학생에게 적절한 보상을 한다.

⑧ 처음에는 시리즈로 게임을 하다가 나중에는 자유자재로 명령어를 주어 활동적
으로 따라 하게 한다.

- 다른 목표 언어를 익힐 때도 자유자재로 사용할 수 있어요

  Simon says "Can you swim?" (수영하는 흉내를 낸다.)

- I'm going to를 붙이면 따라하고 그냥 말하면 따라하지 않아요.

  I'm going to go home. (집에 가는 흉내를 낸다.)

  I go home. (집에 가는 흉내를 내면 안 된다.)

- 교사가 계속 지시만 하는 형식으로 활동을 진행하기보다 음악을 틀어놓고 춤을 추면서 챈트 형식으로 진행하는 것도 분위기를 부드럽게 할 수 있어요.

02. 귀는 쫑긋 손은 뱅글, Listen and Draw 게임

언어기능	듣기
활동 형태	짝 활동 및 전체활동
준비물	교사- 그림카드 또는 ppt, 학생- 그림카드
사용 표현	차시 핵심표현

듣고! 이해하고! 그리고! Listen and draw 활동은 학생들이 마음 편히 즐길 수 있는 활동 중 하나입니다. 왜냐하면 아이들은 대부분 그림 그리는 것을 좋아하고, 영어로 말하고 써야 하는 부담감에서 벗어날 수 있는 활동이기 때문입니다. 단, 이때만큼은 교사들이 학생들이 자유롭게 그릴 수 있도록 그림에 대한 평가는 잠시 접어둘 필요가 있겠지요. 이것만 잘 지켜진다면 학생들은 선생님에게 매일 이 활동만 하자고 조를지도 모릅니다. 하지만 활동 준비물이 단순하기 때문에 선생님들도 언제든지 환영하는 활동이 될 것입니다.

이 활동은 TPR(Total Physical Response, 전신반응교수법) 활동 중에 하나로 학생들이 정확하게 듣고 이해했는지를 개별적으로 확인할 수 있다는 장점이 있습니다. 이 활동은 듣기 능력 향상에 도움이 되는 활동으로 보통 초보 단계의 학생들에게 많이 사용됩니다. 하지만 그림의 묘사를 좀 더 자세히 표현하도록 한다면 높은 수준의 학생들에게도 적용 가능한 활동이지요. 이 활동은 색깔, 모양, 위치, 크기, 질감 등 물체의 특성을 묘사하고 나타내는 활동에서 사용할 수 있습니다. 이 중에서 위치를 익히는 상황으로 활동 순서를 소개하고자 합니다.

1. 바다 위에 배가 그려져 있는 그림을 학생들에게 나누어 준다.
2. 교사는 학생들에게 전치사구를 이용하여 지시한다.

   예) Draw three birds over the boat. (아래 그림 참조)
3. 학생들이 다 그리면 교사용 큰 그림에 학생이 나와 그림을 완성하도록 한다.
4. 교사가 질문하고 학생은 나온 표현이나 단어를 교사와 함께 익힌다.

   예) 교사: What is over the boat?

      학생: Three birds are over the boat.

 바로 쓰는 꿀팁!

- 두 그룹으로 할 경우 학생 활동지를 팀별로 한 장씩 교실 뒤편에 붙이고 시작합니다. 교사가 들려주는 지시사항을 듣고 팀에서 한 명씩 차례로 나가 그림을 그리고 돌아오는 활동으로 진행할 수 있습니다. 그리고 어느 팀이 정확히 그렸는지 확인하며 승부를 가릴 수 있습니다.

- 짝 활동(A, B)으로 할 경우 종이를 두 칸으로 나누고 먼저 각자 자기 그림을 완성하도록 합니다. 그리고 A 학생이 B 학생에게 그림을 설명하고 B 학생은 A학생의 지시에 따라 그림을 완성합니다. 활동이 끝나면 역할을 바꾸어 진행합니다. A, B 학생이 모두 활동을 마친 후에 그림을 비교하며 틀린 부분을 확인합니다.

Name: _____

Above, On and Below

1. Draw 3 birds **above** the boat.
2. Draw 1 duck **on** the water.
3. Draw 2 fish **below** the boat.

Copyright www.myteachingstation.com   Early Childhood Educational Resources   Teaching Station

⟨British Council⟩

⟨Free Activity Worksheet⟩

03 차례차례, Put cards in order

언어기능	듣기, 말하기
활동 형태	모둠 또는 짝 활동
준비물	그림카드
사용 표현	차시 핵심표현

영어시간에 학생들이 쉽게 사용할 수 있으며 간단하게 만들 수 있는 자료, 교사도 준비하기 어렵지 않아 자주 쓰이는 학습 자료는 무엇일까요? 여러분들은 무엇을 떠올리셨나요? 혹시 저와 같이 '카드'를 떠올리시지는 않았나요? 그림, 단어, 문장 카드 등 카드 자료는 말하기, 듣기, 읽기, 쓰기 모든 언어기능의 활동에 다양하게 활용되며 그래서 여러 시간에 걸쳐 변형해 활용 가능합니다. 다양한 카드 활동 중에서 'Put cards in order'를 소개할게요.

이 활동은 모둠원들과 함께 섞여 있는 그림카드를 확인하고 교사가 들려주는 문장들을 주의 깊게 듣습니다. 그리고 들었던 표현들을 모둠원들과 서로 나누고 들은 순서대로 카드를 배열하는 활동입니다. 순서를 결정할 때 혼자 하는 것보다 함께 과제를 수행하며 자연스럽게 의사소통이 이루어지며 상호보완하게 됩니다. 고학년의 경우 그림카드 대신에 단어나 문장 카드를 사용해도 됩니다. 교사가 여러 문장을 차례대로 들려주면 학생들은 문장 카드를 읽고 순서대로 배열합니다. 또한 문장 카드를 단어별로 잘라서 준비하고 한 문장을 들은 후, 차례대로 카드를 배열하여 문장을 완성하는 등 여러 가지 형태로 변형 가능합니다. 교과서나 교재의 부록, 웹사이트 등에서 쉽게 구할 수 있는 카드! 지금 바로 활용 가능합니다!

1. 각 모둠을 4명으로 구성하거나 짝끼리 함께 참여하도록 한다.
2. 교사는 모둠에 그림카드 4장을 나눠주고 어떤 그림인지 학생들이 확인하도록 한다.
3. 교사가 들려주는 대화를 잘 듣고 내용에 맞게 그림카드를 순서대로 배열하도록 한다.
4. 카드 배열은 모둠원들이 함께 의논하여 순서를 결정한다.
5. 순서 확인을 위해 교사는 대화를 다시 들려주며 동시에 해당 그림카드를 제시하며 순서대로 카드를 배열한다.

 바로 쓰는 꿀팁!

- 배부된 카드를 확인할 때 모둠원들끼리 듣게 될 대화의 내용을 추측하며 관련된 표현을 말하는 것도 좋습니다. 차시 핵심표현을 말하고 들으며 자연스러운 의사소통이 이루어집니다.
- 활동을 반복할 때 처음보다 배열하는 카드의 숫자를 점점 늘리면 학생들의 집중도와 도전의식을 높이며 모둠원들의 협력을 끌어낼 수 있습니다.
- 학생 수준에 따라 읽기가 가능하면 그림카드 대신에 단어 또는 문장 카드를 사용해도 됩니다. 여러 문장을 들려주면 알맞은 문장 카드를 읽고 순서대로 배열하거나, 한 문장을 듣고 낱말카드를 순서대로 배열하여 문장을 완성하는 것으로 변형 가능합니다.

04. 행운을 찾아라! Four corners 게임

언어기능	듣기
활동 형태	전체활동
준비물	교사용 그림카드 또는 ppt
사용 표현	Is this your pencil case/cap/umbrella/bag? Yes, it is/No, it isn't.

일확천금의 꿈을 꾸며 복권을 사는 사람들이 많습니다. 특히 로또를 사는 사람들은 6자리를 맞추기 위해서 끊임없이 도전합니다. 로또 번호 6자리 중 3자리를 맞춘 사람은 5,000원의 당첨금을 받으면서 다음에는 더 많은 자리를 맞출 수 있겠지라는 기대감에 다시 복권을 사기도 합니다. 복권 당첨은 현재 자신의 환경이나 능력에 의해서 결정되는 것이 아니며 눈에 보이지 않는 운에 의해서 정해지는 것이라고 생각하기 때문에 다시 도전하고 당첨의 꿈을 꿉니다.

영어 학습에서 운을 활용한 놀이는 학생들의 수준과 관계없이 재미를 느끼게 하면서 자연스럽게 학습에 몰입할 수 있게 합니다. 영어에 부진한 학생들도 자신의 실력에 의해서 승패가 좌우되는 게임이 아니기 때문에 놀이 활동에 흥미를 갖고 도전하면서 자연스럽게 표현을 익혀나가게 됩니다.

이 활동은 4개의 표현 중에 한 개의 번호를 골라 정답일 경우 점수를 얻는 놀이입니다. 게임 방법이 단순해서 활용하기가 쉽고, 정답을 찾는 과정에서 자신의 번호에 해당하는 표현을 읽으면서 듣기뿐만 아니라 말하기 학습까지 가능합니다. 또한 번호에 해당하는 교실의 특정 위치로 이동하는 게임이기 때문에 움직임을 좋아하는 활동적인 학생들에게 알맞습니다.

1. 교사는 교실의 4가지 장소를 선택하고 장소마다 1번부터 4번까지 번호를 정해서 학생들에게 알려준다. 보통은 교실의 네 모퉁이를 활용한다.

2. 교사는 ppt 또는 그림카드를 활용해서 1~4번까지의 번호에 해당하는 단어나 표현을 그림과 함께 보여준다.

   예) 1번-Is this your pencil case? 2번-Is this your cap?

   　3번-Is this your umbrella?　4번-Is this your bag?

3. 학생들은 정답이라고 예상되는 그림의 번호를 골라 해당되는 장소로 이동한다. 예를 들면 교사가 1번 장소를 〈교실 앞 왼쪽〉이라고 정했다면 1번 그림을 선택한 학생은 〈교실 앞 왼쪽〉으로 이동하도록 안내한다.

4. 1번을 선택한 학생부터 자신이 선택한 단어나 표현을 읽고 정답이 맞는지 확인한다. 1번을 선택한 학생들이 'Is this your pencilcase?'라는 표현을 읽고 나서 정답이라면 교사는 'Yes, it is.' 정답이 아니라면 'No, it isn't.'라도 답한다.

5. 정답을 맞춘 학생들에게는 점수를 부여하거나 생존권을 주어서 다음 문제를 풀 수 있는 기회를 제공한다.

| 교사용 파워포인트 슬라이드 예시 |

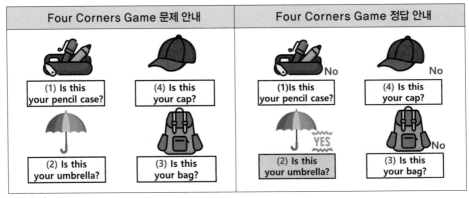

그림 출처: http://www.flaticon.com

- 문제 1번에서 4번까지 나오는 단어나 문장들은 약간씩 변경하여 새로운 표현을 익혀나가도록 합니다.
- 교실 공간이 넉넉하다면 문제의 번호 수를 4개가 아니라 5개 또는 6개로 늘려서 할 수 있습니다.
- 정답이 1번이나 2번이 나올 경우, 3번이나 4번을 고른 학생들이 자신의 표현이 답이 아니라고 생각하여 실망하고 자신들이 선택한 단어나 문장을 읽지 않는 경우가 있습니다. 문제의 정답을 2개 이상으로 정하여 학생들이 끝까지 잘 참여하도록 유도합니다.
- 정답을 미리 정하지 않고 주사위를 활용하여 나온 값을 정답으로 합니다. 주사위 5번이 나오면 1, 2번 모두가 정답, 주사위 6번이 나오면 3, 4번이 모두 정답으로 합니다. 이때 컴퓨터에서 주사위 굴리기 사이트를 활용할 수 있으며 뽑힌 학생 한 명이 주사위를 굴릴 수 있는 기회를 줍니다.

05. 스파이를 찾아라, Spy 게임

언어기능	말하기
활동 형태	전체활동
준비물	학생 개인별 그림카드
사용 표현	차시 핵심표현

아이들은 듣고 읽는 수동적인 활동보다는 말하고 쓰는 활동에 더 적극적으로 참여합니다. 그리고 깊이 있는 사고력과 논리를 갖춰야 하는 쓰기보다는 말하기에 부담 없이 참여합니다. 수업에서 배운 핵심표현을 연습해보는 짝 활동을 하게 되면 아이들 눈빛이 반짝거립니다. 들려주는 내용을 듣고 이해하고 파악하는 정적인 활동 대신 친구들과 서로 얼굴을 바라보며 말하는 걸 더 신나하기 때문입니다.

게임 속에서 스파이가 되어 남을 몰래 속일 수 있으면 정말 재미있겠지요? 스파이 게임은 묻고 답하는 대화 형태의 표현이면 모두 활용할 수 있습니다. 만약 'Do you like apples?' 'Yes, I do', 'No, I don't'의 표현을 익힌다면 교사는 먼저 학생 수에 맞게 과일카드를 준비하도록 합니다. 학생 수가 24명이면 4개씩 사과, 바나나, 키위, 딸기, 멜론, 포도가 그려진 카드를 만들어 놓습니다. 그중에 임의로 과일카드 3~4개를 빼고 스파이 카드를 넣습니다. 학생들 각자에게 한 장의 카드를 나누어 주고 절대 상대방에게 보여주지 않도록 합니다.

교사가 시작을 알리면 교실을 자유롭게 돌아다니며 아이들은 자신의 카드에 그려진 것과 같은 과일카드를 갖고 있는 사람을 찾기 위해 묻고 답합니다. 자신을 포함해서 같은 카드를 가진 사람 4명이 되면 교사에게 옵니다. 교사는 'Okay, Your number 1. You can go back to your seat.' 이라고 말하며 자리에 앉게 합니다. 스파이 카드를 갖고 있는 학생은 자신의 대답을 마음대로 만들어 낼 수 있어 상대방을 속이는 역할을 합니다. 정해진 시간이 되어서 모두 자리에 앉게 한 후 그룹 순서에 따라 앞에 나와 자신이 가지고 있는 그림을 보여주게 합니다. 각 그룹에서 스파이가 나오게 되면 함께 아이들은 짜릿함을 느끼게 됩니다.

정말 스파이를 하고 싶어한 한 아이는 제가 개인별 카드를 하나씩 뒤집어서 나누어 줄 때 '제발~ 스파이요'라고 적힌 쪽지를 저만 보이게 했습니다. 아이들의 간절한 애교에 살짝 스파이 카드를 준 적도 있었습니다.

 이렇게 활동해요!

1. 학생들에게 각자 1개씩 그림카드를 나누어 준다.
2. 교사가 시작을 알리면 교실을 돌아다니며 같은 그림카드를 가진 친구 3명을 찾는다.
3. 스파이 카드를 가진 학생은 상대방이 묻는 질문을 듣고 대답을 임의로 만들어 할 수 있다. 즉, 자신이 상대와 같은 카드가 있는 것처럼 속일 수 있다.
4. 3명의 같은 카드를 가진 친구들을 만나 교사에게 오면 교사는 정해진 순서를 말해주고 자리에 앉도록 한다.
5. 정해진 시간이 끝나고 순서대로 나와서 자신의 카드를 보여준다. 스파이가 섞여 있는 팀은 점수를 얻지 못하고 스파이만 1점을 얻는다. 스파이 없이 같은 과일카드를 가진 친구들로 이뤄진 팀은 1점씩 얻게 된다.

 여기서 꿀팁!

• 아이들은 스파이를 금방 찾아냅니다. 우물쭈물하거나 자신있게 대답을 못하면 스파이로 의심을 받게 됩니다. 자신의 정체가 탄로나는 스파이도 생길 수 있다는 거지요. 그래서 학생들에게 게임을 설명하면서 스파이로 의심받지 않게 당

당하게 대답을 하도록 안내하면 좋습니다.

- 한 팀에 두 명의 스파이가 있기도 합니다. 아이들은 뜻밖의 결과에 당황하면서 재미있게 참여합니다. 교사는 교실을 돌아다니며 아이들이 혹 카드를 보여주는 경우가 있는지 살펴보아야 합니다. 점수를 획득하고자 하는 욕심에 스파이인지 아닌지 그림을 보며 확인(?)하는 철저한 아이들도 간혹 있습니다.

06. 누가 빨리 집나, Snatch 게임

언어기능	듣기
활동 형태	짝 활동 및 전체활동
준비물	교사- 그림카드 또는 ppt, 학생- 그림카드
사용 표현	차시 핵심표현

정말 간단하면서 아이들이 금방 활동에 흠뻑 빠지는 듣기 게임으로 Snatch 게임을 즐겨 사용합니다. 교사의 말을 듣고 해당 카드를 먼저 정확하게 집어 올리는 아주 간단한 게임이며 경쟁요소가 들어있습니다. 여러 활동 형태가 가능한데, 짝 활동, 전체활동 다양하게 적용할 수 있습니다. 중학년에서부터 고학년 내용까지 차시 핵심표현이 잘 나타난 그림카드를 학생용으로 제작하고 교사용은 확대 그림 또는 ppt로 제작합니다.

 이렇게 활동해요!

예를 들어 6학년 영어 "What's wrong?" 단원에서 아픈 곳을 묻고 답하는 말을 이해하는지를 확인하는 듣기 활동으로 이 게임을 활용할 수 있다.

1. 짝 활동으로 하며 두 명의 학생 책상 가운데에 그림카드 6장을 그림이 보이게 펼쳐 놓는다.
2. 준비되면 모든 학생은 "What's wrong?"라고 교사에게 묻는다.
3. 교사는 "I have a fever"라고 대답한다. 교사의 말을 듣고 학생들은 빠르게 해당

카드를 집어 올린다.

4. 교사가 맞는 그림카드를 보여주면 학생들은 그림을 확인하고 맞힌 학생은 1점을 얻는다.

5. 위와 같이 5번 정도 한 후 가장 많은 점수를 얻는 학생이 이긴다.

 바로 쓰는 꿀팁!

• 짝 활동을 하기 전에 전체활동을 할 수 있습니다. 교사는 뿅망치 두 개를 준비하여 학급을 두 팀으로 나눈 뒤 지원자를 각 팀당 한 명씩 교실 앞으로 나오게 한 뒤, 각자 뿅망치를 들게 합니다. 교사의 말을 듣고 칠판에 부착한 큰 그림카드를 뿅망치로 정확하고 빠르게 때리도록 하는 게임을 할 수 있습니다.

07. 빙고를 외쳐라, Bingo 게임

언어기능	듣기, 말하기, 읽기, 쓰기
활동 형태	개인 및 전체활동
준비물	빙고판
사용 표현	Can you swim?/ What's this?/ Do you like pizza?/ How many lions?/ What color is it?

 이렇게 활동해요!

　영어 학습 활동에서 가장 쉽고, 많이 쓰이는 활동이 빙고 게임입니다. 먼저 듣기 활동으로 어휘를 학습할 때 널리 쓰이나 말하기, 읽기, 쓰기 활동에서도 얼마든지 적용 가능합니다. 학생의 수준에 따라서 빙고의 난이도를 조정할 수 있으나, 초기 단계에서는 사용할 단어들을 미리 알려주고 제한된 단어를 사용하는 것이 좋습니다.

　빙고 게임을 하기 위해서 우선 9칸이나 16개의 낱말이나 문장을 ppt나 칠판에 제시합니다. 학생들은 무작위로 그림이나 단어, 문장을 빙고판에 쓰거나, 활동지에 나와 있는 그림, 단어, 문장 칸을 잘라서 자신의 빙고판을 만들어 사용할 수 있습니다. 진행하는 방법도 매우 다양합니다. 전체 학생이 앉아서 교사나 학생이 단어나 문장을 묻고 답하거나 아니면 학생들이 빙고판을 들고 돌아다니며 친구들과 묻고 답하는 가운데 빙고 게임을 진행할 수 있습니다. 정사각형 빙고, 띠빙고, 피라미드 빙고 등 여러 형태의 빙고를 학생의 수, 선호도, 준비된 자료에 따라 적절하게 활용하며 영어 4기능을 향상시킬 수 있습니다.

1. 예를 들어 Can you swim? 이라는 단원을 학습하는 읽기, 쓰기 차시라고 한다면 말하기, 듣기 차시에서 배운 어휘들을 ppt나 칠판에 써서 제시한다. (swim, sing, skate, ski, skip, jump, dance, read a book, do Taekwondo, play soccer, play badminton, play basketball, play baseball, play the piano, play the guitar, play the violin 등)

2. 16가지 단어나 어구들을 빙고판의 원하는 곳에 적는다.

3. 처음에는 교사가 Can you swim? 하면 전체 학생이 Yes, I can. 이나 No, I can't. 라고 답을 하면서 swim이라고 쓰인 칸에 ○표시를 한다.

4. 다음 순서는 교사가 지명한 학생이 질문하게 하고, 나머지 학생들은 답하게 하면서 게임을 진행한다.

5. 가로, 세로, 대각선 어디든지 세 줄 빙고가 되면 "Three bingo!"를 외치면 게임이 종료된다.

6. 게임이 쉽게 종료될 때에는 칠판에 First Bingo Group/ Second Bingo Group/ Third Bingo Group 학생들의 이름을 적어 성취감을 느끼게 하는 것이 중요하다.

순서	표현			
①	Can you ~?			
	sing	play the piano	dance	play basketball
	swim	play soccer	jump	ski
	play the guitar	skip	play badminton	skate
	play baseball	read a book	play the violin	do Taekwondo
②	Yes, I can / No, I can not			

- 다른 형태로 진행할 수 있습니다. 예를 들면 학생들은 교실을 돌아다니며 친구 한 명을 1:1로 만나 인사를 나누고 가위바위보를 합니다.
- 이긴 사람이 공격권을 가지고 본인이 빙고하기 좋은 칸에 있는 표현, 예를 들어 "Can you play the piano?" 하며 묻습니다.
- 대답하는 사람은 본인이 피아노를 잘 친다고 생각하면 "Yes, I can", 그렇지 않으면 "No I can't"으로 대답합니다. 가로, 세로, 대각선 어디든지 세 줄 빙고가 되면 "Three bingo!"를 외치고 자리에 앉습니다.
- 단원이나 주제에 맞게 What's this?/ Do you like pizza?/ How many lions?/ What color is it? 의 핵심 문장이나 대화를 활용할 수 있습니다. 9칸 빙고, 띠빙고, 피라미드 빙고를 활용해도 좋습니다.

| 띠빙고 예시 |

A: Where are you from?

B: I'm from Canada (USA).

(띠빙고는 양쪽 끝에 있는 표현에 해당되는 질문을 하면 대답을 하고 ○표시를 할 수 있습니다.)

| 9칸 빙고 예시 |

A: What color do you like?

B: I like green color.

(green이 적혀있는 칸에 ○를 하고 3줄 빙고, ㄱ자 빙고, ㄷ자 빙고 등 정할 수 있습니다.)

색깔을 가르칠 때 칠판에 배운 단어들을 제시한다.	교사도 학생과 똑같이 칠판에 빙고게임을 하면 학생들이 이해하기 쉽고 동기유발이 된다.	빙고게임은 듣기 활동에서 주로 활용하나 그림, 단어 등으로 핵심표현을 익힐 수 있다.

08. 속닥속닥, Whisper 게임

언어기능	듣기, 말하기
활동 형태	모둠 활동
준비물	문장 또는 그림카드, 발표용 깔대기
사용 표현	차시 핵심표현

수업에서 게임 활동을 진행하다 보면 목소리가 작거나 소극적인 학생들의 참여를 이끌어내는 것이 어려울 때가 있습니다. 그룹의 모든 학생이 활동에 골고루 참여하게 되고 자신에게 주어진 과업을 수행함으로써 언어기능의 향상뿐만 아니라 자신의 팀에 기여했다는 뿌듯함도 느낄 수 있는 활동! 바로 속닥속닥 whisper game~!

두근두근… 내 차례는 언제 올까? 어떤 말이 전달될까? 학생들은 그룹 활동에 집중하고 긴장하며 자신의 차례를 기다립니다. 드디어 내 차례! 다음 사람에게 정확하게 전달하려면 표현 하나라도 놓치지 않으려는 마음으로 소리에 집중하고 몇 번이나 머릿속으로 표현을 반복합니다. 끝까지 잘 전달될까? 잘 전달됐겠지? 내 차례가 끝났지만 전달한 표현을 떠올리며 마지막 학생이 어떻게 말할지 숨죽이며 지켜봅니다.

이 활동은 모둠별로 자신이 들은 표현을 다음 학생에게 속삭이며 마지막 학생에게까지 전달되는 과정에서 목표 언어를 듣고 말하며 지속적으로 떠올리게 됩니다. 첫 번째 학생에게 동작을 나타내는 그림을 보여주고 귓속말로 전달하도록 하여 마지막 학생이 동작으로 표현할 수도 있습니다. 전달할 표현을 읽을 수 있게 카드로 보여주거나 전달받은 표현을 마지막에 칠판에 쓰도록 하는 등 학생들의 수준에 따라 말하기, 듣기, 읽기, 쓰기 기능을 사용하도록 다양하게 변형할 수 있습니다. 표현을 전달하는 순서를 변경하면 학생들이 말하기, 읽기, 쓰기의 활동에 골고루 참여할 수 있죠. 쉿! 이제 활동을 시작해볼까요? 속닥속닥….

1. 활동을 함께 할 모둠을 정하고 각 모둠은 교실 앞쪽을 보고 한 줄로 서게 한다.

2. 교사는 학생들의 등 뒤로 가서 각 모둠의 첫 번째 학생에게만 전달할 표현을 속삭인다.

3. 교사의 시작 신호에 따라 첫 번째 학생은 자신이 들은 표현을 두 번째 학생에게 속삭이고 두 번째 학생도 다음 학생에게 같은 방법으로 표현을 전달한다.

4. 마지막 학생은 표현을 전달받으면 손을 들고 자신이 들은 표현을 큰 소리로 말한다.

5. 첫 번째 학생은 마지막 자리로 이동하고 두 번째 학생부터 시작해 앞의 과정을 반복한다.

 바로 쓰는 꿀팁!

• 두 모둠 이상으로 나누며, 각 모둠은 교실에서 반 팔 간격 정도로 한 줄로 설 수 있는 인원수로 구성합니다(5~6명 정도).

• 모둠 간의 활동이므로 경쟁심보다는 모둠 내에서 서로 도움을 주고 협력하는 분위기를 형성할 수 있도록 교사는 신경 써야 합니다.

• 첫 번째 학생에게 동작을 나타내는 그림카드를 보여주고 귓속말로 전달하도록 하여 마지막 학생이 동작으로 표현할 수도 있습니다. 전달할 표현을 읽을 수 있게 문장 또는 단어카드로 보여주거나 전달받은 표현을 칠판에 쓰도록 하는 등 다양하게 변형할 수 있습니다.

• 고학년의 경우 직접 귀에 대고 문장을 말하는 것을 꺼릴 수도 있습니다. 신체 접촉을 줄이는 방법으로 발표용 깔대기를 바톤처럼 사용하며 깔대기를 통해 다음 사람에게 문장을 전달하는 것도 좋은 방법입니다. 마음이 급해 차례대로 전달하지 않고 건너뛰는 경우나 그룹별 진행 정도를 확인할 때도 효과적입니다.

09. 내 자리를 찾아라! Fruit salad

언어기능	듣기, 말하기
활동 형태	전체활동
준비물	음식 그림카드
사용 표현	What do you want? I want apples.

한 교실 안에는 시각형(Visual), 청각형(Auditory), 신체감각형(kinesthetic) 학습양식을 선호하는 학생들이 함께 있습니다. 중학년 학생들의 경우 신체감각형 학습 유형을 갖고 있는 학생들이 많은 편입니다. 영어학습에 어려움을 느끼거나 집중력이 부족해 보이는 학생들도 신체감각형 학습유형이 대다수입니다. 따라서 신체감각형 학생들이 학습에 즐겁게 참여할 수 있도록 하는 활동을 구성하는 것이 필요합니다.

이 활동에서는 친구가 원하는 음식을 말했을 때 자신도 같은 음식을 원하는 경우, 의자에서 일어나 자리를 바꾸기 때문에 신체감각형 학생들이 학습에 흥미를 갖도록 이끌 수 있습니다. 또한 친구가 원하는 음식을 정확하게 들어야 자신의 자리를 바꿀 수 있는지 알 수 있기 때문에 학생들은 목적의식을 갖고 듣기를 하게 됩니다. 이 활동은 여러 번 반복해도 재미있기 때문에 수준이 낮은 학생들에게는 충분한 듣기 학습 기회를 제공합니다.

1. 학생들이 의자로 원을 만들어서 앉는다.

2. 학생들에게 과일 그림카드를 한 장씩 나눠준다.

3. 한 학생이 원 가운데 서서 술래 역할을 한다.

4. 전체 학생들은 술래에게 어떤 음식을 원하는지 알아보기 위해 'What do you want?'라고 물어본다.

5. 술래는 'I want apples and bananas'라고 말하면 사과와 바나나 그림을 가진 학생은 일어나서 자리를 바꿔서 앉는다. 자리를 바꿀 때 바로 옆자리에 앉지 않도록 한다.

 바로 쓰는 꿀팁!

• 여러 번 활동한 후, 학생들이 서로 다른 그림카드로 바꾸고 나서 활동을 계속합니다.

• 교과서 그림카드를 카드링에 끼워 활용하면 자료 제작이 쉽습니다.

• 학생들에게 단어카드를 주고 읽기 게임으로 활용할 수 있습니다. 이때 술래는 대답을 하면서 자신의 단어카드를 보여줍니다.

• 좋아하는 스포츠나 음식 등의 표현을 사용하여 놀이를 할 수 있습니다.

* 참고도서 -바비 드포터, 마크 리어든, 사라 싱거-누리, 〈퀀텀 교수법〉, 멘토로, 2012
  나승빈,〈핵심 역량을 키우는 수업 놀이〉, 맘에드림, 2017

10. 사실을 찾아라! True or false

언어기능	듣기, 말하기
활동 형태	전체활동
준비물	학습지
사용 표현	I have a notebook/glue stick/ruler/book/pencil.

4월 1일 만우절은 영어로는 'April Fools' Day'라고 합니다. 이날은 사람들이 악의 없는 거짓말로 다른 사람을 속이면서 장난을 합니다. 친한 친구들이 여럿이 모여서 진실게임을 하는 경우도 있습니다. 평소 서로에 대해 궁금했던 내용을 질문하고 진실을 밝혀가면서 재미를 느낍니다. 최근에는 예능에서 거짓말 탐지기 놀이가 나오면서 사람들의 시선을 끌기도 했습니다. 거짓말 탐지기를 착용한 사람이 질문에 답하면 신체의 변화에 따라 거짓말이라고 판단되면 가벼운 전기 충격을 받고 반응하면서 주변 사람들에게 웃음을 줍니다. 이렇게 단순하면서 가벼운 거짓말은 사람들에게 재미를 주며 선의의 거짓말은 사람들에게 도움이 되기도 합니다.

교실에서는 자주 하는 놀이 중 하나가 오엑스 퀴즈입니다. 학습한 내용에 대해서 교사가 사실을 말하면 손으로 ○를 표시하고 거짓을 말하면 ×를 표시하는 단순한 놀이지만 학생들은 정답을 맞췄을 때 환호하면서 즐거워합니다. 이와 비슷하게 영어 수업시간에는 'True or false' 게임이 있습니다. 학생들은 교사가 제시한 내용에 대해서 사실(true)인지, 거짓(false)인지 찾아가면서 학습에 대한 호기심과 흥미를 갖게 됩니다. 자신이 듣거나 읽은 내용이 사실일지 아닐지 생각해 가는 과정에서 배운 내용을 떠올리고 학습 내용에 집중하게 됩니다.

이 활동은 듣기 학습뿐만 아니라 말하기, 읽기, 쓰기에서도 유용하게 활용할 수 있습니다. 학생들이 자신을 소개하는 문장들을 쓰고 친구들에게 읽어주면서 사실을 찾아보면 쓰기, 말하기를 함께 지도할 수 있으며 이야기와 관련된 문장을 읽고 참인지 거짓인지 구별하는 활동을 하면 읽기 활동도 함께 할 수 있습니다.

 이렇게 활동해요!

1. 교사가 학습한 표현이 포함된 이야기를 먼저 들려주거나 읽어준다.

> I have a notebook. My notebook is pink. It is very cute. I don't have a ruler and a glue stick. I have a book and a pencil.

2. 교사가 이야기와 관련된 문장을 읽어주거나 화면으로 문장을 보여준다.

> - I have a notebook.   (T / F)
> - I have a ruler.   (T / F)
> - I don't have a glue stick.   (T / F)
> - I have a book.   (T / F)

3. 학생들은 처음에 들었던 이야기의 내용을 떠올리면서 해당 문장이 맞으면 ○를 틀리면 ×를 손으로 표시하거나 ○×게임판 중에서 맞는 답을 보여준다.

4. 교사가 해당 문장이 사실인지, 거짓인지 알려준다. 사실인 문장인 경우 학생들과 그 문장을 함께 읽어본다. 문장이 거짓인 경우 사실인 문장으로 만들기 위해서는 어떻게 고쳐야 하는지 찾아본다.

 바로 쓰는 꿀팁!

- 교사가 아이스크림 그림을 보여주면서 'I like ice cream. Do you like ice

cream?'이라고 말합니다. 교사가 'One, two, three'라고 말하고 나면 학생들은 바로 ○나 ×중 하나를 선택해서 표시합니다. 많은 학생이 선택한 것과 같은 것을 선택한 학생이 점수를 갖게 됩니다. 예를 들면 전체 학생 중에 ○를 표시한 학생이 13명, ×를 선택한 학생이 11명이라면 ○를 선택한 13명의 학생이 점수를 갖게 됩니다.

- 학생들은 자신을 소개하거나 자신이 했던 활동에 대해서 알려주는 문장을 4개를 씁니다. 이때 사실인 문장을 3개 쓰고 거짓인 문장은 1개를 씁니다. 친구들에게 4개의 문장을 읽어주고 거짓인 문장 1개를 찾아보도록 합니다. 발표자 뽑기 프로그램 등을 활용하여 먼저 뽑힌 학생부터 시작하면 좋습니다.

	자신을 소개하는 문장 활용하기			과거에 한 일과 관련된 문장 활용하기	
1. I like milk.			1. I like milk.		
2. I can swim.			2. I can swim.		
3. I have two dogs.			3. I have two dogs.		
4. I like summer.			4. I like summer.		

- 교사가 영어 그림책을 읽어주고 나서 이야기의 내용과 관련된 문장들로 학습지를 만들어서 학생들이 사실인지, 거짓인지 찾아보게 합니다.

| What's the time, Mr Wolf? 읽기 |

What' the time Mr Wolf?

It's seven o'clock. Time to get up!

I'm so hungry.

It's eight o'clock. Time for breakfast!

But I'm still so hungry.

It's nine o'clock. Time to brush my sharp, sharp teeth!

But I'm still so hungry.

It's ten o'clock. Time to get dressed!

Look at me, I must eat more.

*참고도서 −허승환, 〈허쌤의 수업놀이〉, 꿀잼연구소, 2017

A. Twinn, 〈What's the Time, Mr Wolf?〉, Childs Play, 2003

| 이야기를 읽고 True & False 학습지 해결하기|

• 문장을 읽고 이야기의 내용과 맞으면 T, 이야기의 내용과 맞지 않으면 F에 동그라미 하세요.

1. It's six o'clock. Time to get up!	T, F
2. It's eight o'clock. Time for breakfast!	T, F
3. It's nine o'clock. Time to brush my sharp, sharp teeth!	T, F
4. It's eleven o'clock. Time to get dressed!	T, F

제3장

말하기 놀이

01. 수업의 주인공, I am the king

언어기능	말하기
활동 형태	전체활동
준비물	개인별 그림카드
사용 표현	What do you like? Do you like chicken? Yes, I like chicken. No, I don't like chicken.

　영화 '광해'에서는 기방에서 일하던 하선이라는 인물이 광해군을 대신해서 잠시 왕의 대역을 하게 됩니다. 하선은 광해군의 모습을 닮았고 타고난 재주를 발휘하여 왕의 역할을 해냅니다. 하선이 기방에서 일했을 때는 천민의 신분이었지만 궁궐에 들어와서 신하들에게 왕의 대접을 받게 됩니다. 하선은 자신이 정말 왕이 된 것처럼 자신감이 생기게 되고 백성을 위하는 왕처럼 행동하게 됩니다. 이 영화는 자신을 어떻게 생각하느냐에 따라서 자신의 행동이나 사고방식이 달라질 수 있다는 것을 보여주는 예라고 할 수 있습니다.

　아이들도 자신들이 수업의 주인공이라는 생각이 들 때 활동에 더 즐겁게 참여합니다. 영어를 싫어하거나 어려워하는 학생이라도 전체 학생들이 자신을 존중하는 눈빛으로 바라봐주고 영어로 말을 걸어준다면 소속감을 느끼게 됩니다. 'yes'라는 간단한 말을 해보고 옆에서 도와주시는 선생님을 따라 문장 한 마디라도 말해본 경험을 갖게 되면 나도 할 수 있다는 자신감을 얻어 학습에 흥미를 갖게 됩니다.

　이 활동은 앞에 나온 학생이 왕이 되었다고 생각하고 전체 친구들이 왕이 된 학생의 생각을 맞추는 텔레파시 게임의 일종입니다. 특히 이 게임을 할 때는 앞에 나온 학생을 진짜 왕이라고 생각하고 정중하게 대하는 것이 필요합니다. 활동 전에 이 게임을 위해 필요한 미덕을 함께 이야기 나누고 실천해 보면 좋습니다. 학생들은 친절,

존중, 배려 등 안전하고 즐거운 학습 환경을 만들기 위한 미덕들을 찾아낼 수 있습니다. 선생님은 열심히 참여한 학생들을 칭찬하며 긍정적인 수업 분위기를 만들 수 있습니다. 'How nice!' 'How wonderful!' 등 칭찬의 말을 학생들에게 알려주고 수업 활동 중에 선생님과 학생들이 꾸준히 사용하면서 격려하는 모습을 보여줄 수 있습니다.

 이렇게 활동해요!

1. 학생 개인별로 모두 동일한 그림카드 한 세트를 가진다.

2. 반 전체 학생 중에 왕을 한 명 뽑아 앞으로 나오게 한다. 번호 막대 뽑기를 활용하거나 학생 이름 카드가 들어있는 Question bag을 사용해서 왕을 정한다.

3. 전체 학생들은 왕이 좋아할 만한 음식 카드 2개를 골라 책상 위에 그림이 보이게 두고 나머지 카드들은 오른쪽에 쌓아둔다. 왕도 자신이 좋아하는 음식 카드 2개를 고른다. 이때 왕이 된 학생은 자신이 고른 카드를 다른 학생들이 보지 못하도록 한다.

4. 전체 학생들이 왕에게 "King, what do you like?"라고 질문하면 왕의 역할을 맡은 학생은 "I like chicken"이라고 대답한다.

5. 같은 카드를 가지고 있는 학생들은 "Yes, I like chicken"이라고 말하고 나서 1점을 얻게 된다.

6. 왕의 역할이 끝난 학생에게 전체 학생들이 "Thank you.", "How wonderful!", "How nice!" 등 감사와 칭찬의 말을 해준다.

7. 학생들이 돌아가면서 왕이 되어 보도록 하며 활동이 끝난 후 가장 많은 점수를 얻은 학생이 이기게 된다.

- 왕의 역할을 맡은 학생에게 왕관을 씌워주거나 간단하게 입을 수 있는 왕의 의상을 활용하여 게임을 진행하면 흥미롭습니다.

- 같은 그림카드를 가진 학생들이 함께 일어섭니다. 이 학생들이 pizza 그림카드를 갖고 있다면 왕이 된 학생에게 "Do you like pizza?"라고 질문합니다. 왕은 자신이 고른 카드가 맞으면 "Yes, I like pizza."라고 답하고 아니면 "No, I don't like pizza."라고 답합니다.

- 모둠원들의 점수를 합산해서 가장 많은 점수를 얻은 모둠이 승리하거나 일정 이상의 점수를 얻은 모둠이나 학생을 보상합니다. 또는 전체 학생들이 얻은 점수를 합산하여 점수대별로 모든 학생에게 보상할 수 있습니다.

- 단어카드를 활용하여 읽기 게임으로 적용할 수 있으며 왕이 된 학생들이 선택했을 거라고 짐작한 단어를 쓰도록 하여 쓰기 게임으로 변형할 수 있습니다.

02. 잰말 놀이, Tongue Twister

언어기능	말하기/쓰기
활동 형태	전체활동/ 모둠활동 / 개별활동
준비물	Tongue Twister 포스터, 활동지
사용 표현	She sells sea-shells~

다들 어렸을 적에 '간장공장 공장장…' 이런 말이 꼬이는 장난 말을 많이 해보셨을 것입니다. 이러한 잰말(Tongue Twister)이 영어에도 많이 있습니다. 영어 교실에서 Tongue Twister를 이용해 학습해보면, 아이들은 시키지 않아도 서로 앞다투어 문장 연습을 하며 마치 놀이처럼 즐기는 모습을 찾아볼 수 있습니다. 그건 바로 Tongue Twister가 리듬이 있고 어휘가 반복되어 쉽기 때문입니다. 실제 연구 결과에서도 Tongue Twister가 학생들의 발음 향상과 자신감 향상에 영향을 미친다는 연구결과도 있습니다(권문, 2005).

하지만 초등 영어에서는 정확성(Accuracy)보다는 유창성(Fluency)을 강조하고 있고, 영어 교과서에서는 발음 연습을 위한 활동이 충분하지 않습니다. 그래서 한국식 영어 발음에 고착화된 학생들이 자신의 영어 발음을 개선하기란 쉽지 않습니다. 때문에 정확한 발음과 그 나라의 문화를 익힐 수 있는 Tongue Twister가 초등 영어학습에서 필요한 활동 중 하나라고 봅니다. 그럼, 이러한 Tongue Twister 활동 순서를 소개하고자 합니다.

1. 지도하고자 하는 중심 발음이 포함된 Tongue Twister 문장을 고른다.

2. 먼저 한 단어를 같이 읽어보고, 잘하면 단어를 추가해 가며 문장 전체를 연습한다.

3. 처음에는 천천히 연습하고, 잘 되면 빨리 발음하도록 지도한다.

4. 짝꿍과 함께 문장을 실수 없이 발음할 수 있도록 한다.

5. 문장의 단어를 섞어 두고 바르게 배열하도록 한다.

6. 문장에서 공통적으로 들어가는 발음을 찾도록 한다.

7. 가장 빠르고 정확하게 읽는 학생을 골라 '발음왕'상을 수여한다.

8. 교실에 그날 배운 Tongue Twister Poster를 붙여 놓는다.

(주의해서 발음해야 하는 철자에 줄을 그어 놓는다.)

- 정확한 발음을 위해서 교사는 손동작을 이용해도 좋습니다. 예를 들어 'She sells sea-shells by the seashore' 문장에서 'sh' 발음을 할 때 입술이 앞으로 's' 발음을 할 때는 입술이 옆으로 간다는 것을 손동작과 함께 안내합니다.

- 정확히 문장을 익힌 후에 한 문장씩 말하고 옆 친구에게 인형을 전달해 주는 놀이나 소리 내지 않고 입 모양만으로 tongue twister 문장을 말하면 친구들이 무슨 문장인지 맞추는 추측놀이도 가능하다.

- 학생들이 유사한 발음의 단어를 찾아 새로운 Tongue Twister 문장을 창조해 낼 수 있다. 이때 교사는 학생의 문장의 내용이 이해가 되지 않아도 받아들여 준다.

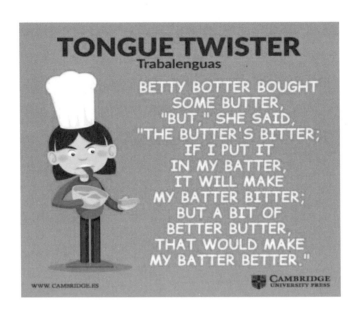

⟨Tongue Twister List⟩ ⟨Tongue Twister poster⟩

03. 카드 마니아 탄생, Card 게임

언어기능	말하기, 듣기, 읽기, 쓰기
활동 형태	모둠 활동
준비물	개인별 그림카드
사용 표현	What's this?/ Can you swim?/ Do you like pizza?/ How many lions?/ What color is it?

　새로운 단원을 배우게 될 때 보통 단원의 학습 목표나 성취 기준을 제시하고, 그 단원에서 배워야 할 어휘들을 소개하게 됩니다. 이 활동에서 필자는 마인드맵을 통해 어휘를 소개하며 어휘와 관련된 학생들의 경험을 떠올려 말하게 함으로써 단원 내용에 대한 호기심과 동기를 유발합니다. 물론 관련된 동화를 들려주고 스토리 맵핑을 하며 단원 도입을 할 때도 있지요.

　대개 1차시 수업에서는 ppt를 활용한 어휘학습, chant, game으로 1차시를 진행하게 되는데, 주로 사용하는 게임은 pass the ball, bingo, same card 찾기, mime 보고 알아맞히기 등 이런 활동을 하게 됩니다. 이때 교사용 그림카드나 부록에 있는 학생용 그림카드를 주로 사용하지만, 카드가 없을 경우에는 직접 학생들이 그림을 그려서 아래쪽에 단어를 적어넣어 카드를 만들면 매우 의미 있는 자기만의 카드가 됩니다. 물론 학생들의 그림 그리는 시간이 길어져서 자주 사용하지는 않지만, 학생들의 요구나 상황에 맞게 그림카드 만들기 활동을 한다면 학생들은 영어에 대해서 친근감을 가질 수 있습니다.

　그림카드를 활용한 활동들은 단어, 문장, 노래, 역할놀이, 그림사전, 책 만들기, 포트폴리오, 과정중심 평가에 이르기까지 활용할 수 있는 강추 아이템입니다. 필자의 경험으로는 그림카드나 단어카드, 문장 카드를 가지고 활동하는 것을 싫어하거나 부정적인 학생들을 본 적이 없습니다. 다만 그림카드를 직접 만들 때 그림을 못 그려서 힘들어하는 친구들이 있는데, 쫄라맨처럼 그리라고 하면 흔쾌히 그리고, 교사가 복사해주거나 다양한 스티커들을 활용할 수 있습니다. 이제부터 과연 그림카드 활동 마니아가 되는지 활동 속으로 들어가 볼까요?

 이렇게 활동해요!

1. 학생 개인별로 모두 동일한 그림카드 한 세트를 가지고 있다(예를 들어 What's this? 단원으로, 의자, 책상, 연필, 지우개, 필통, 모자 등).

2. 먼저 개인 활동으로 그림카드 탐색을 한다. 책상 위에 자유롭게 펼쳐 놓고 뭐가 있는지 영어로 묻는다(그림이 맘에 드는지, 이 중에서 무엇을 갖고 싶은지, 영어로 말할 수 있는지 확인한다).

3. 학생들은 cd-rom이나 ppt로 어휘학습을 하고 챈트까지 했기 때문에 그림을 보고 단어를 대개 말할 수 있습니다. 이때 그림카드 중에 교사가 하나를 골라 크게 'pencil!'하고 외치면 자신의 카드 중 연필 그림카드를 집어 들며 큰 소리로 'pencil!'하고 외친다.

4. 두 번째 활동은 짝의 그림카드까지 합쳐서 무작위로 펼쳐 놓고, 둘이 경쟁을 하면서 카드를 집어 들어 외친다.

5. 어느 정도 어휘가 익혀지면 같은 그림 찾기 게임을 한다. 카드를 뒤집어서 무작위로 줄을 세워 늘어놓는다. 짝 활동이니 6가지 그림카드라면 12개의 카드가 4개씩 3줄로 늘어서 있다.

6. 짝과 함께 가위, 바위, 보를 해서 순서를 정한 뒤 이긴 학생이 카드 하나를 뒤집으면 상대방 학생은 "What's this?"라고 묻는다. 만약 지우개 카드를 뒤집었다면 이긴 학생은 "It's an eraser"라고 말할 것이다. 이번에는 상대방 학생이 "What's

this?"라고 먼저 물으면 이긴 학생은 한 번 더 카드를 뒤집어서 지우개 카드가 나오면 "It's an eraser, same card!"하고 외치면서 자기 앞으로 카드를 옮겨 놓는다. 다른 필통 그림카드가 나왔다면 "It's a pencilcase"라고 말하고 다시 카드를 뒤집어 놓는다.

7. 학생들이 돌아가면서 끝까지 같은 카드를 찾게 하여 same card를 많이 찾아 가져간 사람이 이기는 게임이다.

 바로 쓰는 꿀팁

- 3학년 What's this? 단원에서는 사물 그림카드, Can you swim? 단원은 활동 그림카드 Do you like pizza? 단원에서는 음식 카드, How many lions?에서는 동물카드, What color is it?은 색깔 그림카드를 활용할 수 있습니다.
- 그림카드를 활용하여 빙고 게임이나 주사위 놀이나 말판놀이로 같은 보드게임으로 활용할 수 있습니다.
- 그림을 복사하거나 다양한 스티커를 종이에 붙여 그림카드를 만들 수 있으나, 학생들이 직접 그려서 만든 그림카드로 그림 사전이나 작은 책자를 만들 수 있습니다.
- 그림카드 활동, 그림 사전, 책 만들기 활동으로 과정 중심 평가를 할 수 있습니다.

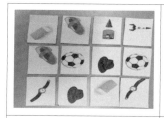		
그림카드 집기 놀이를 한 다음 2개의 똑같은 카드가 있는지 확인한다.	카드를 뒤집어서 줄을 맞추어 늘어 놓는다.	순서를 정하여 핵심표현을 묻고 답하며 카드를 뒤집어서 똑같은 카드를 찾는다.

04. 좀비야 저리가! Zombi 게임

언어기능	말하기, 읽기
활동 형태	전체활동
준비물	교사- 게임 ppt, 학생-문장 카드
사용 표현	주요 표현 6~10개

　게임을 통해 수업하다 보면 아이들의 신나 하는 표정에 교사도 저절로 기분이 좋아지는 경우가 많습니다. 말하기 활동은 아이들의 적극적인 참여가 필수적이어서 아이들이 좋아하는 게임을 한다고 하면 이미 아이들은 그 활동 속으로 금방 빠져 들게 됩니다. 좀비 게임은 아이들이 무척 좋아하는 활동으로 교사가 한두 번 게임설명을 하게 되면 어느 단원에서나 적용할 수 있으며 읽기, 말하기능력에 도움을 줍니다.

　먼저 교사는 단원에서 꼭 알아야 할 문장 카드를 학생 수대로 준비합니다. 전체 아이들을 세 그룹으로 나누는데 아이들이 25명이라면 좀비는 5명, 사람 15명, 의사 5명으로 시작합니다. 좀비는 사람을 감염시키고 의사는 좀비를 치료하여 정해진 시간이 지난 후에 사람의 수가 15명보다 많아지면 의사의 승리이고 사람의 수가 15명보다 적어지면 좀비의 승리가 되는 생존게임의 형태로 게임을 진행합니다. 내가 좀비인지 사람인지 알 수 있는 방법은 교사가 아이들 개인에게 나누어 주는 카드에 답이 있습니다.

　아이들은 영화를 통해 좀비를 접해보았기 때문에 교실 수업 속에 들어온 좀비 게임의 방법을 금방 익힐 수 있습니다.

1. 교사는 학생 개인에게 문장이 그려진 카드를 한 장씩 나눠 준다. 교사가 나누어 줄 때 다른 학생들은 친구의 카드를 보지 않는다.

2. 교사의 시작 신호에 맞춰 친구와 만나 'Hi'라고 인사하고 'What are you doing?' 이라고 묻는다. 상대방은 자신의 카드에 맞게 대답하고 상대 친구는 반대로 질문한다. 대답에 예를 들어 'I'm making a zombi robot'처럼 좀비라는 단어가 들어있는 문장을 쓰는 친구는 좀비이고 좀비를 만난 사람은 좀비가 된다.

3. 좀비와 좀비, 인간과 인간이 만나면 변화가 없고 좀비와 의사가 만나면 의사는 좀비를 치료할 수 있다. 즉, 의사의 치료로 좀비는 인간이 될 수 있다.

4. 정해진 시간이 지난 뒤 교사는 게임 종료를 알리고 남아 있는 좀비의 수, 사람의 수, 의사의 수를 세어서 시작했을 당시의 좀비의 수보다 많아지면 좀비의 승리, 적어지면 의사의 승리가 된다.

 바로 쓰는 꿀팁!

- 교사는 주로 파워포인트를 활용하여 게임설명을 하는 게 좋습니다.

그림 출처: https://indischool.com

- 게임을 하기 전에 전체 학생들을 대상으로 게임에서 사용되는 모든 표현을 함께 읽어보도록 합니다. 개인이 받은 문장 카드를 못 읽는 친구는 교사에게 와서 언제든 물어볼 수 있다고 미리 말해주도록 합니다.

05. 서로 달라요, Information gap

언어기능	말하기, 듣기
활동 형태	짝 활동
준비물	개인별 활동지
사용 표현	차시 핵심표현

나에게 미완성된 활동지가 주어졌고 그것을 완성하기 위해서는 반드시 짝의 도움을 받아야 합니다. 왜냐하면 해답의 열쇠를 바로 나의 짝이 쥐고 있으니까요.

이 활동은 주로 짝 활동으로 주어진 정보의 차이(information gap)를 이용해 과제를 해결합니다. 내가 알고 있는 것이 무엇인지, 더 알아야 할 것이 무엇인지를 스스로 파악해야 합니다. 그리고 내용을 완성하기 위해서는 필요한 정보를 가지고 있는 상대방과 서로 묻고 답하기를 할 수밖에 없어 자연스럽게 의사소통이 이루어집니다. 가지고 있는 퍼즐 조각이 다르지만 결국 하나의 그림을 완성하려면 서로의 도움 없이는 불가능하죠.

학생들은 활동 중에 핵심표현 외에도 의미 전달을 위해 자신이 알고 있는 여러 표현을 사용하기도 합니다. 핵심표현의 무의미한 반복 연습이 아닌, 학습 동기와 흥미를 유발한 실제적인 의사소통이 이루어지는 것이죠. 그래서 여전히 영어수업에서 인기 있는 활동입니다.

 이렇게 활동해요!

1. 교사는 짝과 서로 다른 부분적인 정보가 들어가 있는 활동지를 준비해 나눠준다.

2. 학생들은 자신의 활동지를 짝에게 보이지 않도록 하고 자신의 정보와 자신에게 없는 정보를 확인한다.

3. 활동지의 빈칸을 채우기 위해서 주요 표현을 활용하며 질문하고 답한다.

4. 각자 활동지가 완성되면 서로의 것을 공개하고 비교하여 확인한다.

 바로 쓰는 꿀팁!

- 이 활동을 위해서 교사는 같은 자료를 두 가지 형태로 미리 만들어야 합니다. 정보의 차이를 두는 다른 방법으로 학생들 스스로 서로 다른 정보를 만들게 할 수도 있습니다. 예를 들어 물건의 위치를 묻는 활동에서 같은 그림을 나란히 주고 왼쪽에는 자신의 정보를 채우고 오른쪽 그림은 의사소통을 통해 짝의 정보를 채우도록 합니다.

- 효과적인 묻고 답하기 활동이 되기 위해서는 학생들은 서로의 활동지를 보여주지 않도록 합니다. 빈칸을 채우기 위해서는 자연스럽게 목표 언어를 사용할 수밖에 없겠죠?

- 각자 활동지가 완성되고 서로 비교할 때 맞고 틀리는 것을 확인하며 경쟁의 분위기가 될 수 있습니다. 짝이 한 팀이 되어 비어 있는 정보를 함께 채워가는 미션을 수행한다는 분위기를 교사가 유도하도록 합니다.

〈학생A〉		〈학생B〉	
Time	It's time for	Time	It's time for
7: 30		:	breakfast
:	lunch	12: 00	
6: 00		:	dinner
:	school	8: 30	

06. 놀이를 통해 영단어를 익혀요, What's Missing?

언어기능	말하기, 읽기
활동 형태	전체활동 또는 모둠 활동
준비물	실물자료, 그림카드, 단어카드
활용 방법	단어학습

이미지출처 : https://www.youtube.com/watch?v=EtK9SBC30P4

어린 시절 받아쓰기 시험에 대한 추억이 있나요? 받아쓰기 시험에서 100점을 받는 일은 아주 자랑스러운 일이었으니까요! 열성많은 부모님들은 어린 자녀들을 반복해서 낱말이나 문장을 읽고 쓰게 하면서 연습을 시키십니다. 가정에서 미리 예비 시험을 치루기도 합니다. 이 과정에서 하기 싫어하는 아이와 엄마의 다툼으로 번지기도 합니다. 여러분도 그 연습이 꽤 힘들고 지루했다는 나쁜 기억이 많을 것입니다. 우리나라 말로 듣고 쓰는 것이지만 '받아쓰기'가 쉬운가요? 결코 그렇지 않습니다.

어린 학생들에게 한글 맞춤법이나 띄어쓰기는 만만치않게 어려운 학습입니다. 이처럼 한글을 제대로 익히기 위해서 학생들은 많은 시간을 투자해서 한글 공부를 해야 합니다. 영어 단어학습은 어떤가요? 영어 단어학습도 어렵기는 마찬가지입니다. 현재 초등학교에서 사용하기를 권장하는 어휘는 800개입니다. 초등학생들이 이렇게 많은 영어 단어를 외우고 쓰기를 반복하는 활동은 지루하기 짝이 없습니다. 이렇게 어렵고 지루한 단어 외우기 활동은 영어를 싫어하게 되는 이유 중의 하나이기도 합니다. 그러나 단어는 영어학습의 중요한 기초입니다. 영어 단어를 알지 못하면 영어 공부가 어렵게 느껴지고 흥미와 자신감도 잃기 쉽습니다. 그렇다면 이렇게 중요한 영어 단어를 좀 더 쉽고 재미있게 공부하는 방법은 없을까요? 놀이를 통해 단어를 익히는 What's missing? 게임을 소개합니다.

 이렇게 활동해요!

1. 지난 시간에 배운 단어와 관련된 물건들을 한 개씩 복습하면서 교탁 위에 올려놓는다(예: 펜, 연필, 필통, 지우개, 칼, 자, 색종이, 풀 등). 이때 실물 자료 대신에 그림 카드나 단어카드를 사용할 수도 있다. 학생들이 물건이나 카드를 충분히 파악할 시간을 준다.
2. 물건들을 천으로 덮는다.
3. 학생들을 눈을 감게 한 뒤 교사가 천 속으로 손을 넣어 물건 하나를 꺼내서 숨긴다.
4. 물건을 덮은 천을 치우고 학생들에게 'What's missing?'이라고 묻는다.
5. 학생들은 'It's _____'라고 대답한다.
6. 물건을 다 숨긴 후엔 다시 한 개씩 꺼내면서 'What's new?'라고 질문하며 다시 꺼내 보는 _____ 활동으로 이어갈 수 있다.
7. 전체 게임을 한 후에 모둠별로 학생들끼리 해보게 한다.

참고영상 1. 출처: http://gg.gg/mr0jq

참고영상 2. 출처: http://gg.gg/mr0m1

제4장

읽기 놀이

01. Hello, 알파벳? 알파벳 종이 접기

알파벳을 처음 만나면 당황하는 아이들이 보입니다. 분명 영어로 말하기·듣기 활동을 재미있게 했던 아이들인데도 문자로 영어를 만나자 순간 영어라는 과목이 낯설어 보이는 것이지요. 때문에 우리는 아이들과 알파벳의 첫 만남에 최대한 재미있고 즐거운 분위기를 만들어 주어야 합니다. 일단 첫인상이 좋아야 앞으로의 만남도 쭉 호감을 가지고 만날 수 있겠지요?

아이들은 기본적으로 손으로 조작하는 활동을 좋아합니다. 구체적 형태의 학습 자료를 사용할 때 집중력을 잃지 않고 배우고 싶다는 동기를 가집니다. 즉, 이러한 조작 활동이 아이들이 능동적인 학습자가 될 수 있게 해주는 것이지요. 교사는 학생들의 흥미와 수준에 맞는 조작 활동을 고안하는 것이 중요할 텐데요, 이에 알파벳과의 첫 만남을 행복하게 해 줄 수 있는 종이접기 활동을 소개합니다. '종이접기'라는 친숙하고 선호도가 높은 조작 활동이 알파벳과 친해지게 함은 물론이고 시각적인 자극으로 알파벳의 모양을 기억해 내게끔 도와줄 것입니다.

 이렇게 활동해요!

1. https://en.origami-club.com/index.html에 접속하여 alphabet 탭을 클릭, 또는 오른쪽의 QR 코드를 인식하여 접속한다.

2. 화면의 중앙에는 초보 수준의 알파벳 접기가, 화면의 하단에는 약간 더 높은 수준의 알파벳 접기가 소개되어 있다.

(종이접기의 수준이 Very easy ★, Easy ★★, Neutral ★★★, Difficult ★★★★, Very difficult ★★
★★★로 표시되어 있으므로 학생의 수준에 맞게 선택 활용한다.)

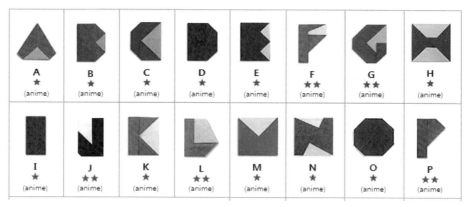

Very easy(★) 수준의 알파벳 접기

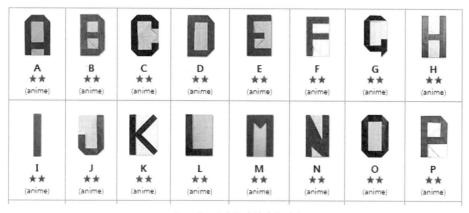

Easy(★★) 수준의 알파벳 접기

3. 각 알파벳을 클릭하면 Diagram과 Animation으로 접는 방법을 배울 수 있다.
Easy 수준의 알파벳은 접는 방법을 유튜브 동영상으로도 확인할 수 있는 탭이 추
가되어 있다.

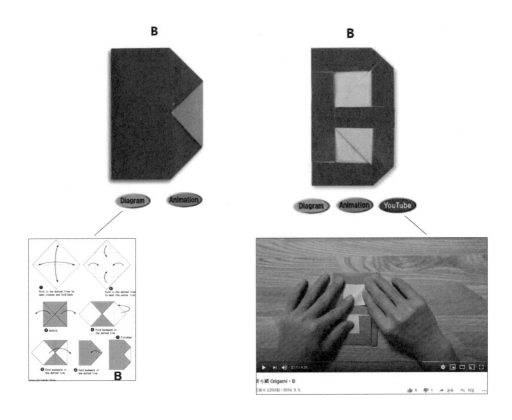

바로 쓰는 꿀팁!

- 학생들이 접은 알파벳을 Snatch 게임에 활용하며 알파벳의 이름과 음가를 익힐
  수 있어요.

  접은 알파벳을 책상에 늘어놓고 교사가 알파벳의 이름 또는 음가를 말하면 먼저
  알파벳을 빨리 가져가는 사람이 점수를 얻는 것이지요. 많이 가져간 사람이 최종
  승자! 간단한 게임이지만 한순간도 긴장을 놓을 수 없는 시간이 된답니다. 반복하
  며 알파벳과 친해지기는 당연하지요.

02. Cat, Bat, H...at! Word Family Slider 만들기

언어기능	읽기, 쓰기
활동 형태	개인 활동
준비물	Word Family Slider 도안, 가위
사용 표현	Cat, Pat, Fat 등

Word Family Slider는 학생들이 많은 단어를 빠르게 읽는 법을 배우도록 도와주는 재미있고 훌륭한 도구입니다. Word Family Slider에서 단어는 어두(Onset)나 어미(Rhyme)에 일정한 패턴을 갖습니다. 예를 들면 hat에서 cat, top에서 drop, jet, get and pet 등이 그 예입니다. 학생들은 이러한 Word Family Slider를 직접 만들고 조작해보며 어두나 어미의 모양과 소리가 비슷하다는 규칙을 깨닫게 되고, 이들 간의 유기적인 소리의 관계를 이해하게 됩니다.

Word Family Slider를 이용한 이러한 읽기 활동은 학생들에게 읽을 수 있다는 자신감 및 성취감과 함께 또 다른 새로운 단어를 읽고 싶다는 동기를 갖게 해 줄 것입니다.

 이렇게 활동해요!

1. 목표 Word Family와 관련된 노래, 영상, 이야기책 등을 활용하기
① 'Humpty Dumpty' 관련 영상을 보고 노래를 따라 부르게 한다.
② 가사를 이해하며 반복되는 Word Family('-all')을 자연스럽게 발견하게 한다.

2. Word Family Slider 만들기

① 도안을 오려 Word Family Slider를 만든다(도안은 무료로 다운받거나 교사가 제작 가능).

② 어두(Onset)을 조작해보며 단어를 반복하여 읽어보게 한다.

③ 규칙성을 통해 소리의 관계를 이해한다.

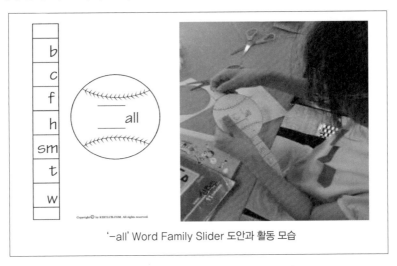

'-all' Word Family Slider 도안과 활동 모습

무료 도안 다운로드 참고 사이트

kizclub.com	123homeschool4me.com	Maketaketeach.com
Rhyme&Songs 탭 클릭 각 노래 어미 링크 클릭 (예:HumptyDumpty의 -all)	word family activities의 각 링크 클릭	회원가입 후 무료 다운로드 가능

- 도안 없이 만들어요! Hanger Slider

  도안이 없더라도 교사의 아이디어로 다양한 Word Family Slider 제작이 가능합니다. 예를 들면 옷걸이와 휴지심을 활용하여 Hanger Word Slider를 만들 수 있습니다. 학생들은 이를 통해 생활 속 소품들이 유용한 학습 자료로 재활용될 수 있음을 배울 수 있습니다. 또한 휴지심이 굴러 단어가 만들어지는 '운'의 요소가 학생들에게 읽는 재미를 더해 주는데요, 이는 학생들에게 마치 게임을 하는 듯한 즐거운 읽기 시간을 선물합니다.

1. 다 쓴 휴지심의 겉면에 차시 핵심단어들의 어두(Onset)와 어미(Rhyme)을 각각 적는다.
2. 옷걸이 아래 한쪽 끝을 니퍼로 끊어낸다.
3. 끊어낸 옷걸이에 준비한 휴지심을 넣고 닫는다.
4. 어두(Onset)와 어미(Rhyme) 휴지심을 돌려가며 단어를 만들어 읽어본다.

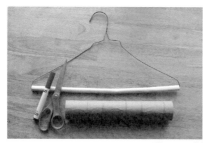

Hanger Slider예시 작품

출처 : notimeforflashcards.com

03. 너와 나의 비밀 언어, Finger Spelling Quiz

언어기능	읽기, 쓰기
활동 형태	짝, 모둠, 전체활동
준비물	Alphabet sign language worksheets
사용 표현	차시 핵심단어 또는 문장

음성 위주의 수업에 익숙한 우리 학생들과 문자 언어와의 만남, 우리 학생들은 알파벳과 어떻게 하면 친해질 수 있을까요? 첫 활동으로 Alphabet sign language를 알려줄 수 있습니다. 알파벳의 모양을 본뜬 수어를 교사의 시범을 따라 반복 연습하며 학생들은 알파벳의 모양과 음가를 쉽게 연관 지어 기억할 수 있게 됩니다. 이를 익힌 후에는 새로운 단어 또는 배웠던 단어를 짝이나 전체 앞에서 퀴즈로 내어보고, 그 알파벳을 기억해 내 단어를 연상해내는 게임을 진행할 수 있습니다. 학생들의 수준에 따라 알파벳, 단어에서 문장 수준의 문제까지도 출제가 가능합니다.

나라마다 다양한 알파벳 수어(Alphabet sign language)가 있어 교사의 선호도에 따라 선택하여 활용할 수 있으나 모음과 자음을 구분하여 기억하기 쉽고, 알파벳 모양의 특징을 잘 살렸다는 점에서 Australian alphabet sign language를 추천합니다. 꼭 영어시간이 아니더라도 우리만의 비밀 언어를 평소 활용해보세요. 선생님에 대한 친밀함도 '업'되는 건 덤!

1. 파닉스를 처음 접하는 경우, 읽기 수준 초보의 경우

• 함께 소리 내어 단어 완성하기(파닉스의 규칙이 일정한 단어를 활용하면 좋아요)

① 문제를 낼 출제자를 선정하고 교실 앞으로 나오게 한다.

② 출제자는 Alphabet sign language를 이용하여 Quiz를 내고 다른 학생들은 알파벳을 연상하며 음가를 소리 내어 말한다. 앞 알파벳의 음가와 붙여서 소리를 내 보게 하면 음가의 규칙을 이해할 수 있다(예 - B A T - 브 애 트, 뱉).

2. 파닉스를 많이 접해본 이후, 읽기 수준 중급 이상의 경우

• 각자 마음속으로 읽은 후 마지막에 정답 외치기

① 문제를 낼 출제자를 선정하고 교실 앞으로 나오게 한다.

② 출제자는 Alphabet sign language를 이용하여 퀴즈를 내고 다른 학생들은 이를 보고 마음속으로 읽어보게 한다. 마지막에 손을 들어 정답을 말한 후, 교사와 함께 확인해본다.

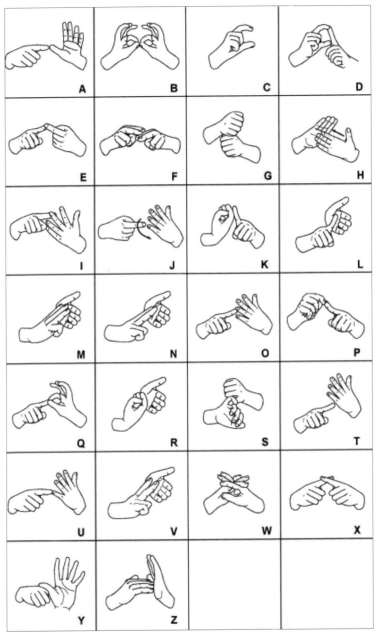

Australian Alphabet Sign Language 〈출처: signsanddisplays.wordpress.com〉

- Alphabet sign language를 배울 때 각 손가락 끝을 가리키는 모음(a, e, i, o, u)부터 익힌 후 자음을 익히면 더 쉽게 익힐 수 있어요.
- 다른 학생들의 생각할 기회를 빼앗지 않도록 반드시 문제를 끝까지 보고 답을 외칠 수 있도록 해주세요.
- 릴레이로 진행하면 소요 시간을 아낄 수 있습니다.
- 정답이 나온 후 교사가 한 번 더 음가를 함께 확인해주면 모든 학생이 놓치지 않고 배울 수 있어요.
- 학생들의 수준에 따라 심화 활동으로 변형할 수 있어요.
  - 고학년 학생들은 문장 수준으로 출제하여 핵심표현을 복습할 수 있습니다. 이 경우 띄어쓰기를 어떻게 표현할지 사전에 약속해 두면 원활한 진행이 가능합니다.
  (예) 검지로 'V'자 허공에 그리기
  - 읽기 활동을 쓰기 활동으로 바꾸어 볼 수 있습니다.
- 학생들이 가정에서 영상으로 복습하며 익힐 수 있도록 동영상을 공유해주세요.

〈유튜브에서 Australian Alphabet Sign Language 배우기〉

04. 얼음 땡! Freeze!

언어기능	읽기
활동 형태	전체활동
준비물	핵심단어 또는 문장 카드 5~6장(벽면 부착용), 크기가 더 작은 카드 사본 (교사용), 카드 주머니, 신나는 음악
사용 표현	차시 핵심단어 또는 문장

　학생들은 읽기 차시를 지루해하는 경향이 있습니다. '읽기 수업은 정적이다'라는 고정관념을 탈피하여 조금 더 활동적인 읽기 수업을 해 보면 어떨까요? 여기 Freeze, 소위 얼음 땡! 활동을 소개합니다.

　교사는 수업 전 교실 곳곳의 벽면에 핵심단어 또는 표현이 적힌 카드 대여섯 개를 붙입니다. 활동 시간이 되면 음악이 흐르는 동안 학생들이 춤을 추며 자유롭게 이동하다가 음악이 멈출 때 각자 선택한 카드 앞에 섭니다. 모두가 돌아가며 자신이 선택한 내용을 크게 읽고, 교사는 긴장감을 조성하며 주머니 속에서 카드를 뽑습니다. 교사가 뽑은 카드를 선택한 학생들은 게임에서 탈락하고 소수의 학생이 남을 때까지 게임을 계속합니다. 넓은 교실 공간을 활용한 이러한 활동을 통해 학생들은 움직임의 욕구를 충족시킬 수 있으며, 즐거운 분위기 속에서 읽기에 대한 두려움을 없앨 수 있습니다. 학년을 불문하고 게임이 끝난 후 '선생님, 한 번 더 해요~'를 들을 수 있는 즐거운 활동입니다.

1. 학생들에게 벽면에 붙인 카드를 확인하고 함께 읽어보게 한다.
2. 학생들은 음악이 흐르는 동안 교실을 자유롭게 이동하며 음악이 끝나기 전 카드를 선택한다.
3. 시계방향, 또는 반시계방향으로 돌아가며 각자 선택한 카드를 큰 소리로 읽는다.
4. 교사가 주머니에서 카드를 꺼내어 읽는다. 교사가 읽은 카드를 선택한 학생들은 게임에서 탈락해 자리로 돌아가 앉는다.
5. 소수가 남을 때까지 게임을 진행하고 끝까지 남은 학생들에게 보상한다.

 바로 쓰는 꿀팁!

- 먼저 게임에서 탈락한 학생들은 뭘 하느냐고요? 이제 그들에게 교사의 역할을 하게 합니다. 즉, 게임에서 먼저 탈락한 학생들이 교사의 주머니에서 카드를 뽑아 읽는 기회를 갖는 것입니다. 이런 방식으로 소외됨 없이 게임에 모두를 계속 참여시킬 수 있어요. 카드를 뽑는 재미와 게임의 주도권을 가지고 싶어 너도나도 서로 읽겠다고 손을 드는 모습을 볼 수 있을 것입니다.

05. 빵야, 빵야! Cowboy reading

언어기능	읽기
활동 형태	모둠 활동
준비물	핵심단어 카드
사용 표현	차시 핵심단어

'어떻게 하면 학생들이 소리와 알파벳과의 관계를 이해할까? 단어의 철자를 쉽게 익힐 수 있는 방법은 없을까? 반복 읽기만이 답이라면 조금 더 재미있게 해보는 방법은?'

Cowboy Reading은 이러한 의문에서 출발한, 읽기 활동을 좀 더 적극적이고 재미있게 할 수 있는 게임입니다. 이 활동 중 학생들은 교사가 제시하는 단어를 보고 함께 읽는데 이를 자신의 단어카드와 비교함으로써 소리와 철자와의 관계를 이해하는 듣기, 읽기 활동이 가능합니다. 게임을 진행하는 데 있어 자신의 단어카드를 어떻게 읽어야 하는지 반드시 알아야 하므로 최소한 자신이 가진 단어카드의 철자와 소리는 머릿속에 기억할 수 있겠지요?

 이렇게 활동해요!

1. 학생들은 분단 별로 단어카드를 들고 교실 앞으로 나와 원으로 선다.
2. 음악에 맞추어 시계방향으로 자유롭게 춤을 추며 돈다.
3. 교사는 음악을 멈추고 학생들이 가지고 있는 단어카드 중 하나의 단어를 화면 또는 실물로 보여준다.

4. 학생 전체가 함께 화면의 단어를 읽고 해당 단어카드를 가지고 있는 학생은 재빨리 자리에 앉는다.

5. 앉은 학생의 양옆에 서 있던 학생은 카우보이(Cowboy)가 되어 서로에게 총을 쏘는 시늉을 하며 '빵'이라고 말한다. 두 명 중에 총을 늦게 쏜 사람은 그대로 자리에 앉아 탈락한다.

6. 3번 순서에 앉았던 학생은 다시 일어나고 위와 같은 활동을 반복한다.

7. 최후 2명이 남았을 때 먼저 총을 쏘는 시늉을 한 사람이 승자가 된다.

8. 단어카드를 바꾸어 반복 진행한다.

Cowboy Reading 활동 모습 예시

 바로 쓰는 꿀팁!

- 학생들이 서로의 단어카드가 무엇인지 몰라야만 더 긴장감 있는 활동이 가능합니다.

- 한 분단씩 차례씩 진행하는 것이 아니라, 모든 분단이 각각의 장소에서 원을 만들어 동시에 진행합니다(모두의 수업 참여도를 높입니다).

- 교사가 실물 카드를 보여줄 때는 주머니 속에 넣었다가 빼며 '운'의 요소를 더하면 더욱 재미있습니다.

- 각기 다른 단어들도 좋지만, 어두나 어미가 같은 단어들을 활용하면 학생들이 소

리와 철자와의 관계를 이해하는 데 도움이 됩니다.

- 누가 먼저 빵!을 쏘았느냐에 언쟁이 생기지 않게 사전에 지도해주세요. 동시에 쏘면 둘 다 살거나 죽는 것으로 규칙을 정합니다.
- 학생들의 수준에 따라 알파벳, 단어, 문장 카드를 활용하여 수업이 가능합니다.
- 반 전체활동으로 진행할 수 있습니다. 이때는 같은 카드를 여러 장 중복되게 나누어 줍니다. 카드가 불렸을 때 여기저기에서 빵! 빵! 벌어질 재밌는 난리가 상상이 가시나요?

06. 내 머릿속의 지우개, Scratch Out!

언어기능	읽기
활동 형태	모둠 활동, 전체 활동
준비물	핵심 단어 또는 문장을 포함한 텍스트가 적힌 학습지, 검정색 네임펜
사용 표현	차시 핵심 단어 또는 문장

Scratch out의 사전적 의미는 '명단 등에서 줄을 그어 무언가를 지우다'입니다. 사람들은 보통 가려진 무언가에 흥미와 호기심을 느낍니다. 지우기 전 원래 그곳에 무엇이 있었을까? 마치 할인된 가격표 아래의 진짜 가격이 궁금해 가격표를 떼어내 보는 것처럼 말입니다. 이러한 호기심을 읽기 수업에 적용해 볼 수 있습니다. 학생들은 읽기 텍스트의 어떤 부분을 지우고 다른 학생들은 그 자리의 단어 또는 문장이 무엇이었는지 기억 내지 추측하여 읽어내야 하는 활동입니다.

이 활동은 학생들을 주어진 텍스트를 읽는 수동적인 학습자에서 벗어나게 합니다. 마치 퀴즈를 내고, 또 퀴즈를 맞혀보는 듯한 느낌과 함께 학생들에게 적극적인 읽기를 가능하게 하는 것이지요. 맞혀야 하기 때문에 철자를 보며 반복해서 읽기 연습을 해야 하고, 혹시 기억이 나지 않더라도 문맥을 살펴보며 들어갈 단어를 유추해보는 사고력도 덤으로 키울 수 있답니다. 이렇게 읽다 보면 읽기에 대한 자신감도 더 붙지 않을까요?

1. 학생들에게 각자 텍스트가 적힌 학습지를
   나누어준다.
2. 학생들이 텍스트를 기억할 수 있도록 반복
   하여 소리 내어 읽는 시간을 충분히 준다.
2. 학생들이 텍스트 중 한 단어를 골라 검정
   색 네임펜으로 덮어 칠하여 지울 수 있게
   한다.

'Scratch Out' 활동 모습 예시

3. 교사가 종을 치면 시계방향으로 학습지를 건넨다. 즉, 모둠의 오른쪽 학생에게 자
   신의 종이를 건네고 왼쪽 학생에게 종이를 받아 빠진 단어를 포함해서 텍스트를
   읽게 한다.
4. 받은 종이에서 또 다른 한 단어를 칠하여 지운 후 위의 3번 과정을 반복한다.
5. 활동 종료 후, 핵심 단어가 지워져 있는 교사의 학습지를 함께 보며 활동을 복습·
   정리한다.

- 학생들의 수준에 따라 알파벳, 단어, 문장 지우기로 활용할 수 있습니다.
- 꼭 텍스트가 아니어도 좋습니다. 각각 다른 위치에 알파벳, 또는 단어를 써놓고
  Memory game으로 바꿔보는 것도 읽기의 기초를 기르는 흥미로운 시간이 될 것
  입니다.
- Scratch out된 부분을 기억하여 공책에 쓰게 해볼까요? 맞추면 각 1점! 읽기가
  아닌 쓰기 중심 활동으로도 변형이 가능합니다.

07. 조각을 맞춰보자! 문장 완성하기 게임

언어기능	읽기, 쓰기
활동 형태	모둠활동
준비물	문장카드, 모둠판
사용 표현	차시 주요 문장 5개

영어 문장에 익숙해지는 초등 고학년부터는 문장의 구조를 익히는데 문장 완성하기 게임이 도움이 됩니다. 정해진 시간 안에 조각난 낱말 조각들을 모둠 친구들과 맞춰보면서 문장을 만들어 가다 보면 퍼즐 조각을 맞춰 완성된 그림을 만들어가는 것처럼 완전한 문장을 만들 수 있습니다.

교사가 여러 개의 문장을 조각내 모둠별로 준비해야 하는 번거로움은 있지만, 학생들은 이 활동을 통해 영어의 어순을 배울 수 있고 협력하여 문제를 해결하는 즐거움도 함께 맛보게 됩니다.

 이렇게 활동해요!

1. 4명이 한 모둠이 되어 게임에 참여한다.
2. 교사는 각 모둠 당 여러 낱말 조각이 담긴 바구니를 주고 낱말카드를 붙일 모둠판을 나눠준다.
3. 교사의 시작신호에 맞춰 정해진 시간 동안 학생들은 모둠 친구들과 함께 낱말 조각을 바르게 배열하여 문장 5개를 만든다.
4. 시간이 끝나면 모둠판을 모두 교사에게 가져오고 교사는 학생들과 함께 모둠판을

확인한다.

- 6개의 모둠이 같은 문장으로 완성하는 게 자칫 지루하다면 6모둠인 경우 절반으로 나누어 세 모둠에게 같은 5개의 문장 조각을 나눠주고, 다른 세 모둠에게는 다른 5개의 문장 조각을 나눠주어 변화를 줄 수 있습니다.
- 전치사를 사용하여 물건의 위치를 나타내는 표현, 길찾기 표현을 익히는 데 이 활동이 도움이 됩니다.
- 한 단원을 마치고 난 뒤보다 3~4개 단원을 공부한 뒤 각 단원에서 배운 주요 표현들을 복습하는 활동으로 적합합니다.

| 활용 가능한 문장카드 |

Where	is	the	gift	shop?
It's	next to	the	shopping	center.
Let's	go	shopping.		
It's	in front of	the	restaurant.	
May	I	try on	these	shoes?
Where	is	the	flower	shop?
It's	behind	the	park.	
Go	straight	two	blocks.	
It's	between	the school	and	the supermarket.
Can	you	take	a picture?	

출처: YBM(김) 5학년 13단원

08. 내가 먼저, Race 게임

언어기능	읽기, 쓰기
활동 형태	전체활동
준비물	모둠 바구니, 문장 카드
사용 표현	Let's play soccer/baseball/badminton/basketball.

　초등학교 학생들이 가장 좋아하는 체육 활동 중 하나가 달리기입니다. 학생들은 두 명 이상의 친구들과 함께 달리면서 누가 먼저 앞서가는지 겨루는 것을 좋아합니다. 자신들이 다른 친구보다 뒤에 가다가 앞으로 나아가게 되면 짜릿한 성취감을 맛보게 됩니다. 달리기를 구경하는 학생들도 친구들이 앞서거니 뒤서거니 하는 장면에서 누가 1등이 될지 조마조마한 마음으로 신나고 즐거워합니다.

　재미있고 활동적인 달리기 경주를 활용한 Race game은 학생들이 긴장감을 갖고 학습에 몰입할 수 있도록 합니다. 모둠원 모두가 자신의 번호에 맞는 문장 카드를 빨리 고른 순서대로 점수를 얻기 때문에 모둠원들이 우리는 하나라는 생각을 하게 되어 협동심도 기를 수 있습니다. 모둠원 모두가 놀이 활동에 적극적으로 참여해야 이길 수 있기 때문에 학생들이 책임감을 갖고 게임에 임하게 됩니다. 활동 전 학생들에게 모둠원들이 알맞은 문장 카드를 골라야 점수를 더 얻을 수 있다는 게임 규칙을 알려줍니다. 활동 전에 미리 공부할 시간을 준다면 학생들은 모둠 점수를 더 얻기 위해서 서로를 가르치는 의미 있는 모습을 보여줍니다.

1. 교사가 칠판이나 TV 화면에 번호가 정해진 여러 개의 그림카드를 제시한다. 모둠 별 바구니에는 그림카드에 어울리는 문장 카드 2세트를 담아둔다.

2. 교사는 전체 학생을 3~5개 모둠으로 나누고 모둠원들은 앞을 보고 앉는다. 이때 모 둠 바구니는 모둠의 첫 번째 학생의 앞에 놓는다.

3. 첫 번째 학생은 모둠 바구니에서 1번 그림카드에 해당하는 문장 카드를 가지고 와서 자신의 책상 위에 놓는다. 첫 번째 학생이 의자에 앉자마자 두 번째 학생이 2번 그림카드에 해당하는 문장 카드를 골라 와서 자신의 책상 위에 놓고 앉는다. 이처럼 계속해서 활동하다가 마지막 학생이 마지막 번호의 그림카드에 맞는 문장 카드를 가지고 자기 자리에 앉으면 게임이 끝난다.

4. 모둠원들이 빨리 앉은 모둠 순으로 점수를 줄 수 있다. 교사는 그림카드에 알맞은 문장 카드를 알려주고 학생들은 자신의 문장 카드가 맞는지 확인하고 나서 맞은 문장카드의 개수에 따라 점수를 얻는다.

5. 그림카드의 번호를 바꾸어가면서 놀이 활동을 여러 번 반복할 수 있다.

 바로 쓰는 꿀팁!

- 학생들이 자신의 그림에 맞지 않는 문장 카드를 골라서 가져갈 수 있기 때문에 바 구니 안에 2세트의 문장 카드를 준비해두어야 합니다.

- 바구니 안에 그림카드와 문장 카드를 섞어 두면 학생들이 그림카드와 어울리는 문장 카드를 찾아가는 활동으로 변형할 수 있습니다. 이때 학생들이 자신이 선택 했던 그림카드 뒷면에는 자신의 이름을 써서 활동을 반복할 때 똑같은 그림카드 를 고르지 않도록 합니다.

- 바구니에 몇 개의 철자가 빠진 단어카드를 준비해두고 학생들이 단어카드를 가

지고 와서 자신의 보드판에 완성된 단어를 적게 하는 활동으로 변형할 수 있습니다. 단어카드를 보고 해당하는 단어의 복수형, 과거형 등을 적어보는 방법을 활용하여 문법적인 내용도 지도할 수 있습니다. 이때 활동이 끝난 후 화면에 단어카드에 맞는 정답을 제시하고 단어를 함께 읽어보면서 복습합니다.

| Race Game에 활용 가능한 그림카드와 문장 카드 예시 |

그림 출처: http://www.flaticon.com

| Race Game에 활용 가능한 철자 완성형 단어카드 예시 |

| Race Game에 활용 가능한 과거형 쓰기 단어카드 예시 |

1. play	1. 정답 played	2. look	2. 정답 looked
3. go	3. 정답 went	4. help	4. 정답 helped

09. 앗! 찾았다, Let's find the words

언어기능	읽기, 쓰기
활동 형태	짝 활동
준비물	학습지
사용 표현	banana, apple, pear, watermelon, grape, orange

가족들과 함께 연극 공연을 관람한 적이 있었습니다. 연극 공연 중간에 배우들이 객석의 관객들을 무대 위로 초대하여 공연에 참여할 수 있도록 했습니다. 관객들이 배우가 되었던 공연은 더 재미있었고 나도 참여해보고 싶다는 생각이 들었습니다. 요즘에는 관객 참여형 공연과 전시가 더 늘어나고 있다고 합니다. 관객은 공연이나 전시의 주인공이 되어 더 즐겁고 신나게 관람할 수 있고 배우들도 관객들과 소통할 수 있어서 흥이 난다고 합니다.

학생들도 수업의 주인공이 되어 학습 자료 제작에 참여하고 학습 활동에서 주도적인 역할을 하는 것이 필요합니다. 학생들은 자신이 수업에서 어느 정도의 역할을 하는지에 따라서 참여도가 달라지고 학습 효과에도 영향을 미칠 수 있습니다. 자신이 만든 자료를 활용해서 친구들과 함께 학습 과제를 해결해 간다면 학습에 대한 책임감도 높아지고 활동에서 적극적인 자세를 갖게 됩니다.

이 활동은 먼저 학생들이 종이에 배운 단어들을 몇 개씩 적어가면서 단어 찾기 학습지를 만들게 합니다. 학생들이 학습지를 만들면서 자연스럽게 쓰기 활동을 하게 됩니다. 학생들은 자신이 만든 학습지를 짝과 서로 바꾼 후 교사가 제시한 단어들이 학습지에 몇 개가 있는지 찾아 기록합니다. 이 과정에서 자연스럽게 단어를 식별하는 활동을 하게 되어 단어 읽기 학습을 하게 됩니다.

1. 교사는 학생들이 학습지에 쓸 수 있는 단어를 제시하고 A4 종이나 학습지를 나눠 준다. 학생들은 종이 아래쪽에 3cm가량을 접어서 답안을 작성할 여백을 마련한다.

2. 학생들은 정해진 시간 동안 A4 종이나 학습지에 자신의 수준에 맞게 각 단어를 3~9개씩 쓴다. 수준이 높은 학생들은 제시된 단어인 'banana'와 함께 'banabo' 처럼 철자가 맞지 않는 단어들을 적어서 학습지의 난이도를 높일 수 있다.

3. 이때 학생들은 자신이 학습지에 각 단어를 몇 개씩 적었는지 답안을 함께 작성한다.

4. 학생들은 2명씩 짝을 지어서 자신이 만든 학습지를 서로 바꾸어 가져간다.

5. 학생들은 자신이 받은 학습지에서 교사가 제시한 단어가 몇 개씩 있는지 찾아서 숫자를 기록한다. 같은 단어들은 같은 색의 색연필로 동그라미를 하면 더 찾기가 쉽다고 알려준다.

6. 학생들은 학습지 하단에 미리 작성해 둔 답안을 활용하여 짝과 함께 단어를 읽어 가면서 학습지에 해당 단어가 몇 개 있는지 정답을 확인한다.

| 학생들이 작성한 학습지 예시 |

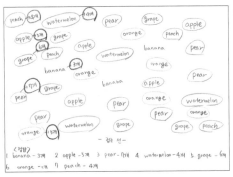 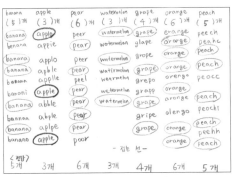

- 학생들이 학습지에 교사가 알려준 알파벳을 여러 번을 적습니다. 학습지에서 교사가 제시한 알파벳을 찾아서 색칠하거나 동그라미를 하고 그 알파벳이 몇 개가 있는지 개수를 적습니다.

- 동화책이나 잡지, 또는 교사가 개작하거나 창작한 이야기를 학생들에게 나눠주면 학생들은 교사가 읽어준 단어를 찾아서 동그라미 표시를 합니다.

- 학생들이 A4 종이에 교사가 제시한 문장들을 원하는 위치에 모두 쓰고 짝과 학습지를 바꾸어 갖습니다. 학습지를 보고 교사가 읽어준 내용에 해당되는 문장을 찾아서 (   )안에 알맞은 단어를 적습니다. 예를 들면 교사가 'I have four apples'라고 말했다면 'I have (   ) apples' 문장을 찾아서 괄호 안에 숫자 'four'를 적습니다. 'I have red pants'라고 말했다면 'I have (   ) pants' 문장을 찾아서 괄호 안에 'red'를 적습니다.

- 학생들이 퍼즐 형태로 학습지를 만들게 할 수도 있고, 교사가 무료 퍼즐 만들기 사이트(https://www.puzzlefast.com/ko/)를 활용하여 단어 찾기 퍼즐 학습지를 제작할 수 있습니다.

| 개작한 이야기에서 단어 찾기 |

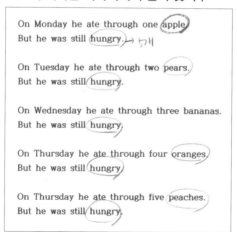

| 문장 찾아서 빈칸에 알맞은 단어 적기 |

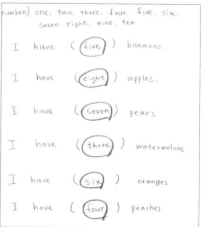

10. 천천히, 다시 한번, Popcorn 게임

언어기능	말하기, 읽기
활동 형태	전체활동 또는 모둠 활동
준비물	팝콘 게임 상자, 팝콘 카드 (학습교구)
활용방법	단어학습

기타를 배운 적이 있습니다. 원래 노래도 별로 잘 부르지 못하고 음악을 그다지 좋아하진 않지만 아름다운 소리가 나는 기타를 꼭 한 번쯤은 배워보고 싶었습니다. 맨 처음에 만났던 기타 학원 선생님은 첫날부터 곡을 내미시더니 쳐보라고 하는 거였습니다. 그 곡의 수준도 그때의 저에겐 결코 쉬운 것이 아니었습니다. 지금도 왜 그랬는지 이해할 수 없지만, 그때는 원래 기타는 그렇게 배우는 것인가보다 라고 생각하며 무작정 시키는 대로 해보았습니다. 결국에 저는 6개월 정도 다니다가 그만두고 말았습니다. 몇 년이 지나, 친구의 권유로 다시 한번 기타 배우기에 도전하게 되었습니다. 두려운 마음으로 기타 학원에 간 첫날, 기타 선생님은 저의 수준을 점검해보시고 제 수준에 맞으면서도 재미있는 노래를 가르쳐 주셨습니다. 저는 원래 음악에 있어서는 남들이 배우는 진도의 절반도 못 따라가는 저는 부진 학생이었습니다. 그러나 두 번째로 만난 기타 선생님은 저의 수준에 맞는 곡으로 제가 즐겁게 기타를 배울 수 있도록 이끌어주셨습니다. 일년 동안 즐거운 기타수업을 받고 지금은 기타를 초급 수준으로 칠 수 있게 되었습니다. 학교에서 보면 영어도 느리게 배우는 아이들이 많이 있습니다. 가끔 학교에서 이런 학생들을 위한 보충 지도를 할 기회가 있을 때마다 저는 여기에서 소개할 팝콘 게임을 하곤 합니다. 팝콘 게임은 시중에서 교구로 판매하기도 합니다. 교구를 구입하여 사용하면 교사의 자료 만들 시간을 아껴준다는 면에서 장점이 됩니다. 교사가 학생들의 수준이나 필요에 맞게 제작하여 사용할 수

도 있습니다.

팝콘 게임은 보통 게임 상자 안에 100여 개의 팝콘 모양의 단어카드와 서너 개의 팝(POP) 카드로 구성되어 있습니다. 팝콘 모양의 단어카드는 팝콘 게임 종류에 따라 동사, 형용사, 명사 카드로 구성되어 있는 것을 구입할 수 있습니다. 또는 교사가 우유 상자를 재활용해서 팝콘 게임 상자를 만들고 학생들에게 가르치기 원하는 단어들로 팝콘 카드를 만들 수 있습니다.

 이렇게 활동해요!

1. 게임에 참가하는 학생들은 가위바위보로 게임의 순서를 정한다.
2. 첫 번째 학생이 스피너를 돌린다. 스피너에 나오는 숫자대로 카드를 꺼내므로 스피너가 있으면 게임이 더 흥미진진해진다(스피너가 없이 한 사람이 한 장, 또는 두 장씩 꺼내기로 미리 약속을 정할 수도 있다).
3. 스피너에 나온 숫자에 맞게 팝콘 상자에서 카드를 꺼낸다(스피너의 숫자가 2이면 2개의 카드를 꺼낸다).
4. 꺼낸 카드에 적힌 영어 단어를 읽고 뜻도 말한다. 올바르게 말한 경우 그 카드를 가져가고, 틀린 경우에는 다시 팝콘 게임 상자 안에 카드를 넣어야 한다.
5. 만약 팝(POP) 카드를 꺼낸 경우에는 모아두었던 팝콘 카드 모두를 게임 상자에 넣어야 한다.
6. 가장 많이 팝콘 카드를 모은 사람이 이긴다.

제5장

쓰기 놀이

01. 삼행시 짓기, Acrostic Poem Writing

언어기능	읽기/쓰기
활동 형태	개별 및 전체활동
준비물	(교사/학생) 태블릿PC 또는 스마트폰
사용 표현	How's the weather today?

초등영어를 가르칠 때 교사가 가장 어려운 점은 무엇일까요? 우리나라와 같은 EFL(English as a Foreign Language 외국어로서의 영어) 상황에서는 학생들에게 영어를 의미 있는 의사소통 활동으로 구성하는 것이 참 어렵습니다. 그러나 어렵지만, 또 해야만 하는 것이기도 하지요. 거기다가 그런 활동은 재미있으면서도 목적을 분명하게 제시해야 한다는 것입니다. 이는 학생들을 몰입하게 만드는 것이 중요하다는 뜻입니다. 칙센트 미하이의 몰입이론에 따르면 인간이 행복을 느끼는 순간은 무엇인가에 몰입하는 순간이라고 합니다. 몰입이론의 대가인 그가 제안하는 몰입(flow)이란 자신이 하고 있는 일에 시간 가는 줄 모르고 빠져들어, 마치 숨 쉬듯이 자연스럽게 일을 진행하는 상태를 말합니다. 사람이 어떤 일에든 몰입하면 그 일을 더 좋아하게 되고, 성과도 더 좋아지며, 창조적인 결과를 낳는다고 하죠? 학생들이 공부에 몰입할 수 있다면 선생님들이 억지로 공부하게 하지 않아도, 스스로 공부의 즐거움을 느끼면서 할 수 있게 될 것입니다. 그러므로 목표 과제를 완성하기 위해서 영어를 사용하는 실질적인 이유가 있다면 학생들은 그 과제에 더욱 집중할 수밖에 없겠죠?

여기에서는 실제 학생들의 삶과 관련 있는 활동 중의 하나인 시 쓰기 활동을 소개하고자 합니다. 우리말로 하면 Acrostic poem은 간단한 삼행시나 사행시 쓰기와 비슷한 활동입니다. 단어를 한 글자 한 글자 따서 제일 앞 알파벳으로 시작하는 시를 쓰는 것을 말합니다. 사실 우리 말로 하는 시 쓰기도 쉽지 않지만, 영어로 시 쓰기는 교사들이나 학생들에게 더욱 어렵게 느껴질 수도 있습니다. 하지만 시쓰기의 소재를 학생들의 삶과 밀접한 자기 자신의 이름이나 친구의 이름, 또는 간단한 단어를 사용해서 해보면 학생들은 자기 자신과 주변 친구에 대해 관심이 많기 때문에 아주 흥미로워합니다.

먼저 학기 초의 영어시간에 할 수 있는 활동으로 "얘들아! 친구에게 자기를 소개하는 시를 써볼까?"라고 제안할 수 있습니다. 먼저 교사가 자신의 이름으로 시범을 보여주는 것도 좋습니다.

이 활동을 할 때 학생들이 가장 어려워하는 부분은 어디일까요?

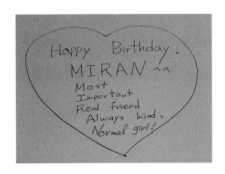

아마 자신이 표현하고 싶은 말을 영어로 어떻게 표현할지 잘 모르는 것입니다. 단어나 문장의 한계를 느꼈을 때 학생들은 좌절을 경험하게 됩니다. 그럴 때는 먼저 학습지를 주고 단어 찾기 시간을 주면 좋습니다. 이때 이 책에 소개된 스마트폰이나 태블릿의 영어 사전이나 파파고 앱을 사용하여 찾게 할 수도 있습니다.

그리고 학생들의 수준에 맞게 자신에게 어울리는 단어나 문장을 사용하여 간단한 시 쓰기를 하게 합니다. 다음과 같이 시를 쓰기 전 워드뱅크를 만들어보게 하는 것도 좋습니다.

WORDS BANK

A: able, active, alert, alive, amazing alone, ashamed, attractive,
B: best, big, brave, busy, beautiful, beloved, bland, blunt
C: cute,
D:

또 다른 예는 친구의 생일이나 크리스마스 등의 특별한 날을 기념하고 축하하는 카드에 활용할 수도 있습니다. 예를 들어 친구의 생일을 축하하기 위해 카드를 만드는 활동을 생각해볼까요? 친구의 이름을 따서 시쓰기를 권합니다. 이는 실제로 친구에게 어울리는 단어나 문장을 찾거나 만들어 쓰고 친구에게 카드를 준다면 더할 나위 없이 의미 있는 시 쓰기 활동이 될 것입니다. 학생들에게 친구는 참 소중하고 큰 의미이기 때문에 학생들은 즐겁게 몰입할 것입니다. 또한 생일축하 카드나 크리스마스 카드를 만든다고 할 때 학생들에게 좋은 목표가 될 것입니다. 이 활동은 또한 외국문화를 경험하게 하는 좋은 방법이 될 수도 있습니다.

02. 깨진 조각을 맞춰봐요, Sleeping elephant 게임

언어기능	쓰기
활동 형태	모둠, 전체활동
준비물	교사- ppt 파일, 학생- 모둠 보드, 보드마카, 지우개
사용 표현	차시 핵심표현

혼자서 쓰는 활동보다 여럿이 머리를 맞대 생각하여 쓰기 활동을 제시하면 아이들은 더 적극적으로 참여합니다. "잠자는 코끼리라니, 게임 이름부터 재미있지 않나요?" 게임을 시작할 때 교사가 이렇게 말하면 아이들의 호기심을 끄는 데 좋습니다.

'자 여러분은 이제부터 코끼리가 됩니다. 아주 큰 코끼리지요. 덩치 큰 코끼리가 잠을 자면 꿈쩍도 하지 않겠지요?'

이게 뭔가 궁금해합니다. 동물이 되어서 하는 게임은 사실 그리 많지 않거든요.

이 활동은 알파벳을 처음 배우는 3학년부터 6학년까지 적용할 수 있는데 3학년 2학기에는 간단한 낱말을 배우기 때문에 낱말 쓰기부터 할 수 있습니다. 물론 고학년도 문장쓰기를 할 수 있습니다.

4명을 한 모둠으로 만든 후에 1~4번까지 번호를 정해주고 각 모둠의 1번 학생에게만 철자나 낱말을 보여줍니다. 1번 학생을 엎드리게 한 뒤 같은 방법으로 2번, 3번, 4번 학생에게도 따로 철자나 낱말을 보여주고 기억하게 합니다. '코끼리들은 모두 일어납니다'라는 교사의 말에 서로 어떤 낱말 또는 문장인지 이야기하여 모둠 보드에 적어 들어 올립니다.

1. '코끼리들은 모두 잠을 잡니다'라는 교사의 말에 학생들은 책상 위로 모두 엎드린다.

2. '1번 코끼리 일어나세요' 말을 듣고 각 모둠의 1번 친구들은 교사가 보여주는 철자나 낱말을 기억한다.

3. 2~4번 코끼리도 같은 방법으로 보이는 철자나 낱말을 기억한다.

4. '이제 코끼리들은 모두 깨어납니다'라는 말을 듣고 교사가 정한 시간 동안 최종 낱말 또는 문장을 모둠 보드에 적는다.

5. 교사가 화면을 통해 정답을 보여주며 함께 확인한다.

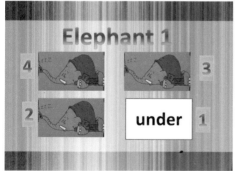
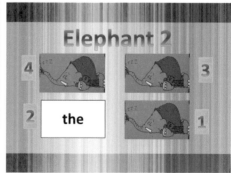

그림 출처: 인디스쿨

03. 똥서남북 Making a 'fortune feller'

언어기능	쓰기, 읽기
활동 형태	짝 및 전체활동
준비물	개인별 활동지
사용 표현	차시 핵심표현

학생들이 배운 해당 차시의 핵심표현들을 읽고 써 보았습니다. 이에 그치지 않고 조작 활동까지 더해진다면 어떨까요? 단순히 표현들을 읽고 쓰는 것에 그치면 학생들은 지루해합니다. 목표 언어의 습득을 위해서는 다른 사람들과의 상호작용과 의사소통 기회를 자연스럽게 늘리고 재미를 더해야 하죠. 그렇다면 이 활동은 어떨까요?

'fortune feller', 미래를 말해주는 사람, 점쟁이라는 뜻을 가지고 있습니다. 우리나라에서는 동서남북 놀이로, 색종이 또는 정사각형 모양의 종이를 이용해 종이접기를 하고 약속한 단어들을 쓴 후 두 명이 함께 하는 활동으로 더 익숙하죠. 선택한 부분, 말하는 숫자에 따라 어떤 표현이 나올지 모르기 때문에 fortune teller를 움직이는 학생도, 결과를 기다리는 학생도 모두 활동에 집중하게 됩니다. 또한 자신이 직접 만든 fortune teller에 필요한 핵심표현을 직접 쓰고 이를 이용해 활동을 이어가기 때문에 학생들은 성취감도 느낄 수 있습니다.

사용 표현으로는 일반적인 질문과 대답으로 음식, 동물, 신체 부위, 색깔 등 다양한 주제의 어휘 및 문장을 활용할 수 있습니다. 핵심표현을 약속된 칸에 개별적으로 쓰고 여러 사람을 만나 활동하기 때문에 쓰기, 읽기뿐만 아니라 듣기, 말하기 기능도 동시에 향상시킵니다.

fortune teller 만드는 방법은 제한되고 간결한 영어 표현을 사용하면서 동시에 시각적으로 보여주면 학생들의 이해를 도울 수 있습니다. 이러한 조작 활동은 차시 핵심표현 외에도 자연스럽게 실제적인 언어 사용을 경험할 수 있습니다.

이렇게 활동해요!

1. 학생들에게 fortune teller 활동지를 한 장씩 나누어 준다.

2. 학생들은 각자 활동지의 ①~⑧ 칸에 필요한 핵심표현과 점수를 쓴다.

3. 교사의 안내에 따라 활동지를 접어 각자 완성한다.

4. 학생들은 완성된 fortune teller paper를 가지고 돌아다니며 만난 친구와 가위바위보를 한다. 진 학생이 질문하면 이긴 학생은 방향 단어(예-A, B, C, D)와 숫자(paper를 열고 닫는 횟수)를 말한다(예- 'A, 3').

5. 진 학생은 자신의 paper를 위아래, 좌우, 위아래로 열고 닫은 후 A칸에 쓰인 표현을 보여주고 이긴 학생은 해당 표현을 읽는다.

6. 문장을 바르게 읽었으면 약속한 점수를 얻으며, 다른 학생들을 만나기 위해 이동하여 같은 활동을 반복한다.

7. 활동이 끝났을 때 점수를 많이 모은 사람이 이긴다.

바로 쓰는 꿀팁!

• 활동지를 접을 때, 핵심표현(①~⑧)을 적은 면이 보이게 접는 것으로 시작해야 완성됩니다. 일반 종이를 사용할 경우 교사가 정사각형 모양으로 미리 잘라두면 조작 활동에 소용되는 시간을 줄일 수 있습니다.

• 8개의 표현은 차시 핵심표현으로 학습 수준에 따라 학생들이 개별적으로 만들어 쓰고 교사가 피드백을 줄 수도 있습니다.

• fortune teller 활동지 외에 핵심표현을 개별적으로 정리하여 쓴 후 체크리스트

형식으로 해당 표현을 모두 찾는 사람이 이기는 것으로 변형해도 좋습니다.

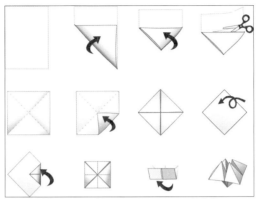

〈출처 https://en.wikipedia.org/wiki〉

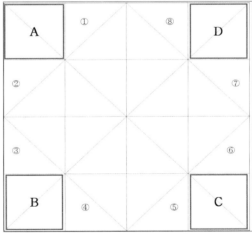

〈fortune teller 활동지 예시〉

04. 순간 암기에 도전해보자! Running dictation

언어기능	읽기, 쓰기
활동 형태	짝 활동 및 모둠 활동
준비물	교사-문장 카드, 학생- 활동지
사용 표현	차시 주요 문장 6~10개

아이들의 듣기 능력을 높이는 유용한 활동 중에 받아쓰기(dictation)가 있습니다. 옆 짝궁에게 문장을 읽고 이를 상대방에게 적어보라고 하면 처음에는 즐겁게 활동하다가 금방 흥미를 잃을 수 있습니다.

running dictation은 아이들이 교실을 돌아다니며 미션 수행한다는 느낌이 들어 즐겁게 참여할 수 있으며 집중적인 읽기, 듣기, 쓰기 능력 향상에 도움을 줄 수 있는 활동입니다. 교사가 교실의 여러 곳에 번호와 함께 어구 또는 문장을 붙여놓습니다. 이들 어구와 문장은 학생이 갖고 있는 활동지의 문장들을 완성할 수 있는 중요한 핵심내용이 됩니다.

학생 둘 중 한 명은 runner, 한 명은 writer가 됩니다. runner는 교실 여러 곳에 붙어 있는 단어나 문장을 외워서 자리로 돌아옵니다. writer는 runner가 들려주는 내용을 활동지에 적고 다 완성한 팀은 교사에게 제출합니다. 정확하고 빠르게 활동지를 완성하는 팀이 이기는데 경쟁요소가 있어서 아이들이 빠르게 움직이며 순간 암기하기 위해 무척 열심히 참여합니다.

재빨리 움직여서 외운 뒤 암기한 내용을 모르면 여러 번 다시 가서 또 보고 가고 하는 모습이 교사의 눈에는 귀여워 보이기까지 합니다.

1. 짝 활동으로 2명이 한 팀이 되어 참여한다. 한 명은 writer, 한 명은 runner가 된다.
2. 교사는 수업 전에 교실 벽면에 번호와 함께 문장 카드를 6~10개를 떨어뜨려 붙여 놓는다.
3. 교사의 시작 신호에 맞춰 각 팀의 runner들은 교실 곳곳으로 흩어져서 문장 카드를 외워서 writer에게 해당 번호의 문장을 완성하도록 말해준다. 활동지를 모두 완성한 팀은 교사에게 제출한다.
4. 교사는 가장 빠르고 정확하게 활동지를 완성한 팀 다섯 팀에게 칭찬스티커를 줄 수 있다.

 바로 쓰는 꿀팁!

• 학생들 수준에 따라 2인 짝 활동에서 4인 모둠 활동으로도 변형할 수 있습니다.
• 한 명은 writer로 나머지는 runner로 정해 한 명의 runner가 교실 벽면의 문장을 암기해 자리로 돌아와서 말해주면 writer가 그 내용을 적습니다. 그 다음 runner들이 순차적으로 교실의 다른 곳에 붙여진 문장카드를 보고 writer에게 말해줍니다. 모둠원들이 협력하여 활동지의 빈칸을 완성하도록 합니다.

• 중학년의 경우에는 문장이 아닌 간단한 어구를 완성할 수 있도록 ruuner들이 단어를 외워서 오도록 변형할 수 있습니다.

1.	I went to the museum.

2.	I visited my grandma.

3.	I made a car.

4.	I played baseball.

5.	I had a great time.

6.	I ate pizza.

7.	I saw many stars.

8.	I watched a movie.

Running Dictation

Team:

No	Sentence	Check
1		
2		
3		
4		
5		
6		
7		
8		

05. 앗! 나의 실수, Oh! My mistake 게임

언어기능	쓰기
활동 형태	전체활동
준비물	화이트보드, 보드마커
사용 표현	차시 핵심 표현

학생들은 선생님이 실수하고 틀리는 것을 좋아합니다. 그리고 선생님이 틀린 곳을 <u>스스로</u> 찾아 고쳐주며 <u>스스로</u> 뿌듯해하지요. 자신이 똑똑한 선생님을 도와주었다는 것에 만족하는 것입니다. 이때 선생님은 학생의 지적에 정색하기보다는 '아~ 그렇구나! 도와줘서 고마워'라고 말해주면 좋겠지요. 이처럼 교사가 의도적으로 틀린 문장을 칠판에 쓰고 학생들이 고치도록 하는 활동을 하면 학생들은 그 속에서 쓰기에서 필요한 다양한 전략과 문법을 자연스럽게 배울 수 있습니다.

초등학생들이 스스로 창의적 글쓰기(free writing)를 처음부터 하는 것은 쉽지 않습니다. 그래서 통제적 글쓰기(controlled writing)부터 시작하여 점진적으로 학생들의 쓰기 능력을 신장시켜주어야 합니다. 이때 교사의 모델링 활동이 중요하기 때문에 저는 함께 글쓰기(Shared writing)를 추천합니다. 학생들과 함께 글을 완성해 가면서 학생들은 선생님 혹은 친구들로부터 글을 쓰는 방법에 대해 배울 수 있습니다. 그래서 저는 Shared writing 방법으로 활동을 소개하고자 합니다.

1. 교사는 학생에게 매일 하는 Morning Message를 칠판에 적는다.

> ⟨Example⟩
> Dear Class
> God Morning? today is friday. You will se sum of yor book buddies today

2. 학생과 함께 천천히 문장을 읽는다.

3. 학생들에게 잘못된 부분이 무엇인지 찾고 왜 틀렸는지 설명하게 한다.

4. 설명한 학생은 앞으로 나와 틀린 부분을 빨간색으로 고친다.

5. 이때 단어 스펠링이 틀렸으면 전체 학생이 함께 스펠링을 말하게 하며 Phonics를 자연스럽게 지도할 수도 있다. 그리고 대문자가 틀렸다면 언제 대문자를 써야 하는지 물어보며 함께 공부를 한다.

 바로 쓰는 꿀팁!

- 짝꿍끼리 영어 교과서에 나온 영어 문장을 의도적으로 틀리게 적고 서로 바꾸어 가며 틀린 부분을 고치는 활동을 해도 좋습니다. 단, 문장의 의미를 추측할 수 있도록 너무 많은 부분을 고치거나 빼지 않도록 안내합니다.

- 글 내용을 칠판에 써 놓지 않고 함께 써 내려가도 좋습니다. 예를 들어 동화책을 읽고 책 내용을 요약할 때 교사가 강조하고 싶은 문법 내용을 의도적으로 틀리게 쓰고 학생들이 수정할 수 있도록 유도할 수 있습니다.